SICHER EISKLETTERN

JAMES G. SKONE

Sicher Eisklettern

Mit 53 ein- und mehrfarbigen Bildern,
36 graphischen Darstellungen,
9 Karten- und Routenskizzen,
10 Karikaturen des Autors
sowie 28 Routenvorschlägen

BERGVERLAG RUDOLF ROTHER GMBH · MÜNCHEN

Umschlagfoto:
Eisklettern bei Alpe d'Huez
Foto: Godefroy Perroux

Bild gegenüber der Titelseite:

Im Glacier des Bossons
Foto: Jürgen Winkler

Bildnachweis (in Klammern die Seitenzahlen):

W. Beikircher (11, 135); T. Bubendorfer (102); E. Kobelmüller (116);
F. Kromer (113, 123); E. Lackner (104); H. Münchenbach (26/27,
107); G. Perroux (15, 31, 118); J. Skone (21, 24, 25, 29, 32, 35, 62, 66,
96, 97, 102, 104, 111, 120, 121, 127, 132); K. Skone (40, 42, 43, 51);
J. Winkler (18/19, 23, 70/71, 89, 98/99).

Alle Skizzen und Karikaturen mit Ausnahme der Seiten 80 und 82
(Sepp Lassmann) stammen vom Autor.

Der im Abschnitt III, 7 behandelte Inhalt wurde fast unverändert aus
der Lehrschrift „Alpine Felstechnik" von Pit Schubert, 3. Auflage
1982, Bergverlag Rudolf Rother, München, übernommen (S. 190—191
und 194—199).

Die Darstellung aller in dieser Lehrschrift beschriebenen Techniken
und Sicherungsformen erfolgte nach bestem Wissen und Gewissen des
Autors. Dieser und der Verlag können jedoch keine Gewähr für die
Richtigkeit der Angaben übernehmen.

1. Auflage 1985
Alle Rechte, ausgenommen Text und Bilder von Anzeigen
beim Bergverlag Rudolf Rother GmbH, München
ISBN 3 7633 6064 6
Hergestellt in den Werkstätten Rudolf Rother GmbH, München
(2112/4055)

Inhaltsverzeichnis

	Seite
I. Einführung	9
1. Sicheres Klettern im steilen Eis	9
2. Hartes Wasser – ein neuer Erlebnisbereich vor unserer Haustür	10
3. Rückblick	14
II. Ausrüstung	17
1. Material	17
a) Bekleidung	17
b) Handschuhe	17
c) Helm	20
d) Schuhe	20
e) Seil	22
f) Steigeisen	22
g) Steigeisenbindungen bzw. -riemen	28
h) Gamaschen	28
i) Handgeräte – Pickel / Hammer	30
k) Eisschrauben und Eishaken	34
2. Materialpflege und -wartung	35
III. Klettertechnik	37
1. Allgemeiner Überblick	37
2. Steigtechnik	37
a) Eisbouldern – die ersten Schritte	37
b) Sicheres Steigen	38
c) Kombitechnik	38
3. Steigen mit Handgeräten	41
a) Schlagtechnik	44
b) Ankertechnik mit einem Pickel im mittelsteilen Gelände	46
c) Zugstemme mit einem Pickel bei kurzen Steilaufschwüngen	48
d) Ankertechnik mit zwei Handgeräten	50
– Diagonalzug	50
– Parallelzug	52
– Affenzug	54
e) Ankertechnik-Quergang	56
f) Quergang im extrem steilen Gelände	58

g)	Zugstemme mit zwei Handgeräten	60
h)	Stütztechnik mit zwei Handgeräten	63
i)	Pickelrasttechnik (bei überhängendem Eis)	64
k)	Anbringung von Zwischensicherungen	66
l)	Rasten an zwei Handgeräten	68

4. Ökonomisches Klettern 72
5. Standplatz 74
6. Standplatzsicherung 75
7. Hilfsmaßnahmen nach einem Sturz 75
   - a) Fixieren des Gestürzten 75
   - b) Prusiktechnik 78
   - c) Flaschenzugtechnik 80
8. Abstieg 82
   - Abstieg mit Eckensteintechnik 83
9. Rückzug 87
   - a) Rückzug im leichten Gelände 88
   - b) Rückzug im steilen Gelände 88
     - Standverankerung 88
     - Abseilen 90
     - Rückzugsmethoden bei unübersichtlichem Gelände .. 90
     - Rückzugsmethode in der Fallinie 90
     - Rückzugsmethode versetzt zur Fallinie 92

IV. Wetter- und Eisverhältnisse, Routenwahl 94

1. Metamorphose des Eises – Kletterstil 94
   - a) Ideale Eisverhältnisse 96
   - b) Scholliges, sprödes Eis 97
   - c) Krustiges Eis 100
   - d) Morsches Eis 100
   - e) Geriffelte Eisvorhänge, Eissäulen 101
   - f) Dünnes Eis 103
   - g) Verglaster Fels 103

V. Gefahren 105

1. Lawinengefahr 105
2. Stein- und Eisschlag 105
3. Sturz 105

VI. Spielplätze 108

1. Schwierigkeitsbewertung 108
2. Die Spielplätze 110

      Gebiete nördlich des Alpenhauptkammes 110
        a) Gasteiner Tal 110
        b) Klammstein 110
        c) Umgebung Böckstein, Anlauftal, Sportgastein 114
        d) Kitzlochklamm bei Taxenbach 117
        e) Saalwände bei Hinterglemm 117
        f) Gebiet Saalfeldner Bundesheerklettergarten 117
        g) Stubachtal 117
      Gebiete südlich des Alpenhauptkammes 119
        h) Maltatal 119
        i) Südliche Julische Alpen 122
      Gebiet im östlichen Alpenvorland 124
        k) Weißenbachtal beim Attersee 124
      Umgebung von Wien 125
        l) Rax / Gaisloch 125
        m) Ötschergräben 128
      Bayerische Voralpen 129
        n) Jochberg 129

VII. Training 132

VIII. Literatur 136

Stichwortregister 138

Dieses Büchlein möchte ich allen Freunden widmen, die mich bei den Eiskletterein begleitet haben, aus deren Erfahrungswerten dieses Buch entstehen konnte:

Insbesonders: meiner Frau Kristina
Gerd Bauer
Christian Enserer
Alfi Gemperle
Edi Kobelmüller
Harald Kuglitsch
Felix Kromer
Erich Lackner
Walter Siebert
Bernhard Stummer
Hans Wohlschlager

Außerdem möchte ich mich bei allen Firmen bedanken, die uns kostenlos Eisgeräte zur Verfügung stellten:

Salewa
Teufelberger-Edelweiß
Kohla

Wien, im Winter 1984/85   James G. Skone

I. Einführung

1. Sicheres Klettern im steilen Eis

Das jüngste Kind des sportlich orientierten Alpinismus, nämlich das Klettern von steilen Eistouren, stellt einerseits eine extreme Variante des klassischen Eisgehens und andererseits eine neue Spielform des Sportkletterns dar.

Steileisklettern steckt, gemessen mit den anderen Varianten des Bergsteigens, derzeit noch in den Kinderschuhen und wurde im deutschen Sprachraum bisher hauptsächlich an leicht erreichbaren, winterlich gefrorenen Wasserfällen ausgeübt. Wasserfalleis stellt sicherlich die bisher höchsten Anforderungen an den Eiskletterer, da es zu den steilsten und härtesten Eisarten zählt.

Obwohl die gewonnenen Erfahrungen im Wasserfallklettern bestimmt in den nächsten Jahren auch im hochalpinen Eis umgesetzt und auch hier einen Anstieg im Leistungsstandard bewirken werden, so wird das Wasserfallklettern immer die experimentelle Grundlage hierfür sein. Auch beim Felsklettern wurde der VII. und VIII. Grad vorerst im Klettergarten bewältigt, bevor man diesen Standard im Hochgebirge mit allen seinen zusätzlichen Gefahrenmomenten kletterte. Deshalb ist der Schwerpunkt dieser Lehrschrift auf das Wasserfallklettern gerichtet. Die am Wasserfall erworbenen Fähigkeiten sind für jeden die ideale Basis für das extreme alpine Eisklettern.

Es ist anzunehmen, daß die meisten Leser, die sich für diese spezialisierte Art des Bergsteigens interessieren, schon alpin „vorbelastet" sind. Daher wird von der alpinen Grundschule abgesehen und vorausgesetzt, daß der Leser über das Sichern, Seiltechnik, Knoten und behelfsmäßige Rettungstechnik grundsätzlich Bescheid weiß. Über diese Themen sind im Bergverlag Rudolf Rother folgende Lehrschriften bereits publiziert worden:

- *Albert Gayl, Lawinen. 1982.*
- *Sepp Geschwendtner, Sicher Freiklettern, 1981.*
- *Pit Schubert, Alpine Eistechnik. 1981.*
- *Pit Schubert, Alpine Felstechnik. 1982.*
- *Pit Schubert, Alpiner Seilgebrauch für Anfänger und Fortgeschrittene. 1982.*
- *Pit Schubert, Die Anwendung des Seiles in Fels und Eis. 1985.*

2. Hartes Wasser –
ein neuer Erlebnisbereich vor unserer Haustür

Wir leben in einer Zeit sich wandelnder sozialer und wirtschaftlicher Verhältnisse. Auf Grund der zunehmenden Automatisierung des Produktionsprozesses und der wirtschaftlichen Rezession werden wir zwar in Zukunft mit geringeren finanziellen Mitteln auskommen müssen, jedoch mehr Freizeit zur Verfügung haben. Dies wird von uns ein Umdenken erfordern. Gerade dem Alpinisten bietet das größere Freizeitangebot die Möglichkeit, sich noch mehr seiner „liebsten Nebenbeschäftigung" zu widmen.

Die Ziele werden sich aus finanziellen Gründen nach der Dicke der Brieftasche richten müssen. Die heimatlichen Berge und großstadtnahen Kletterziele werden wieder an Bedeutung zunehmen. In den letzten Jahren glaubten viele, daß das wahre Abenteuer nur in alpenfernen Zielen zu finden wäre. Jeder Sportkletterer, der etwas auf sich hielt, mußte zumindest einmal in Kalifornien gewesen sein und jeder Alpinist zumindest in den Anden oder im Himalaya.

Die junge Bergsteigergeneration hat mit viel Zeit, aber wenig Geld zur Verfügung, bewiesen, daß gerade in den Alpen, die sonst schon als übererschlossen galten, genügend Freiraum für neue Betätigungsmöglichkeiten vorhanden ist. Vor allem durch die „Entheroisierung" des alpinen Gedankens richteten sie ihr Augenmerk auf die eher sportliche Seite des Kletterns und setzten neue Maßstäbe. Da der Gipfel nicht mehr „zählte", sondern das Lösen eines sich selbst gestellten Fels- oder Wandproblems, wurde ein neues Bewußtsein für alpines Neuland geschaffen und man begann, in den heimatlichen Wänden nach Routenmöglichkeiten zu suchen, die dem zeitgemäß fortgeschrittenen Kletterstandard entsprachen. Eine Fülle von Erstbegehungen war das Ergebnis. Was lag näher, als diese Neulandsuche dann auch auf das Eis zu übertragen? Denn wenn man Eis auch mit einem „sportlichen" Auge sieht und die Besteigung eines Berges sekundär bzw. das Besteigungsziel auf ein sich selbst gestelltes Problem abstrahiert wird, steht der Eiskletterer vor einer völlig neuen alpinen Epoche. Der winterliche Steileis- oder Wasserfallkletterer ist wieder Pionier im Sinne der alpinen Erschließer vor 100 Jahren.

In letzter Zeit stellt sich heraus, daß es überall in Europa kleine Gruppen gibt, die mit dieser jungen Spielform des Alpinismus experimentieren und schon einige steile Wassereistouren bestiegen wurden. Aber

Eiskletterei am Nordabhang der Wasserfallspitze in der Rieserfernergruppe.

diese Erschließungen erfassen nur einen Bruchteil der tausendfachen Möglichkeiten. In jedem Alpental schlafen ungezählte jungfräuliche Wasserfälle ihren Dornröschenschlaf und warten auf ihren pickelschwingenden Eisprinzen. Ohne viel Aufwand und finanzielle Mittel kann man noch das Gefühl eines Whymper oder Lammer nachempfinden, wenn man an einem gläsernen Kunstwerk aus Eisriffel und Kaskaden alpines Abenteuer im ursprünglichsten Sinne erlebt.

Auch die Wiederholer einer Route werden Neuland finden: Eis ist einem steten Wandel unterzogen und ändert sich täglich. So wird jede Begehung zu einem zutiefst persönlichen Erlebnis, das, im Gegensatz zu den derzeitigen Tendenzen im Alpinsport, kaum in Metern, Griffen und Sekunden gemessen werden kann, denn die Schwierigkeiten sind immer, abgesehen von der Steilheit, von den jeweiligen Eisverhältnissen abhängig.

Viele Bergsteiger, die mit der Idee des Steileiskletterns konfrontiert werden, sind der Ansicht, daß dies nur etwas für verrückte Extremisten sei. Sicher stellen steile Wasserfälle hohe Anforderungen an das klettertechnische Können und die nervliche Belastbarkeit jedes Kletterers. Aber es müssen ja nicht gleich lange, senkrechte Eissäulen in Angriff genommen werden! Es gibt auch viele flachere Wasserläufe in versteckten Rinnen und Gräben, die dem „Durchschnittsverbraucher" einen neuen winterlichen Erlebnisbereich vermitteln können.

Vor über sieben Jahren habe ich mit einer kleinen Gruppe von Freunden aus Wien begonnen, angeregt durch englischsprachige Alpinliteratur, völlig autodidaktisch winterliche Eisrouten in Angriff zu nehmen. Lehrbücher und Erfahrungswerte gab es damals noch keine, wir wußten nur, daß die Schotten und Amerikaner so etwas bereits machten und denen wollten wir nicht nachstehen.

Am Anfang machten wir viele Fehler, doch gab uns der Mangel an didaktischer Belastung auch die Freiheit, spielerisch zu experimentieren. Als wir dann unsere Erfahrungen mit den ersten Lehrbüchern verglichen, die aus den USA zu uns kamen, mußten wir feststellen, daß wir, obzwar in unserer Naivität manchmal eistechnisch das Rad erfunden worden war, auch einige ganz persönliche Erfahrungen sammeln konnten, speziell im Umgang mit der sich immer rascher verbessernden Ausrüstung. Dieses Büchlein ist als Ergebnis unserer Erfahrungen (oder Resultat unserer Fehler?) anzusehen und sollte als Grundlage für weiteres Experimentieren jedes interessierten Lesers dienen.

Durch den komprimierten Umfang besteht immer die Gefahr, daß Lehrschriften in eine Art „Kochrezept" ausarten. Ich entschuldige mich schon im voraus für jede dogmatisch klingende Feststellung und bitte den Leser, das Büchlein als hauptsächlich zur Anregung dienendes

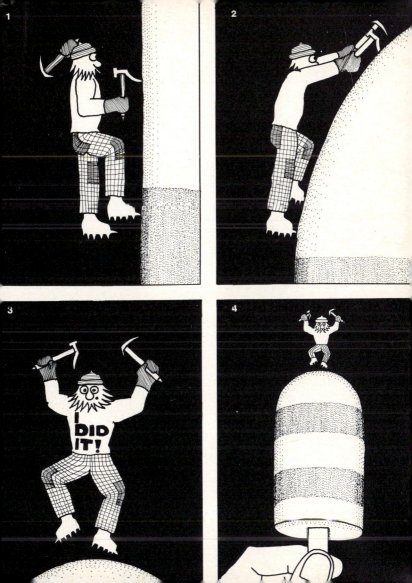

Mittel zu verstehen. Martin Boysen hat einmal bei einer Rezension eines großen Eislehrbuches festgestellt, daß zwei Stunden „Bouldern" im Eis dem Anfänger mehr vermitteln können als alle Lehrbücher zusammen. Vielleicht ist es aber auch die Aufgabe solch eines Buches, den Leser überhaupt zum „Bouldern" zu animieren! Der Vorteil unseres kleinen Formates liegt in der Möglichkeit, das Büchlein als jederzeit griffbereites Nachschlagewerk mitzuführen. Es wird aber empfohlen, im steilen Gelände das Buch aus der Hand zu legen und durch einen Pickel zu ersetzen.

3. Rückblick

Steileisklettern, obwohl in den Alpen als Kind des Superalpinismus angesehen, ist eigentlich keine Erfindung der jungen Klettererergeneration. Wahrscheinlich war der erste Wasserfall, der aus sportlichen Motiven bestiegen wurde, der gesicherte Gaislochanstieg auf der Rax, der schon ab der Jahrhundertwende zu Trainingszwecken für das hochalpine Eisgehen regelmäßig im Winter bestiegen wurde.

Es waren die Schotten, die das extreme Eisklettern zu einer eigenständigen Form des Bergsteigens entwickelten und die zur Eisbildung idealen winterlichen Bedingungen nutzten, um in den wasserüberronnenen Felsrinnen und Kaminen der Cairngorms und des Ben Nevis Eisanstiege zu bewältigen. Vor dem Zweiten Weltkrieg kletterte man auch in Schottland noch im klassischen Stil, d. h. mit gerader Pickelspitze und stufenschlagend. Trotzdem wurden schon ausgesprochen senkrechte Eispassagen überwunden.

Abgesehen von den „Gullys" wandte man sich im Laufe der Zeit auch vereisten Felsanstiegen zu. In Schottland entsteht durch die besondere geographische Lage sogenanntes „Rime-Eis" auf den Felsen. Durch die Meeresnähe und starke Winde bilden die angewehten feuchten Schneekristalle eine sehr kompakte Eisschicht auf exponierte Felsen. Ähnliche Eisverhältnisse sind nur in Patagonien zu finden. Dieser Eispanzer, wenn entsprechend dick, bietet ideale Kletterbedingungen.

Es stellte sich heraus, daß die klassischen Eisgeräte für diese Art des Kletterns ungeeignet waren. John Cunningham entwickelte bei einem beruflichen Antarktisaufenthalt (!) das erste Handgerät mit stark abfallender Spitze, das sogenannte Terrordactyl, das von Hamish McInnes hergestellt wurde. Die extreme Spitzenform ermöglicht es dem Kletterer, das Gerät auch bei geringerer Eisauflage mit kurzem Anschlagen

„*Deliverance*" — *eine der schwierigsten Touren im Vallon du Diable.*

in das Eis zu drücken und dabei eine maximale Ankerwirkung zu erzielen. Dieses Gerät war die Grundlage für den rapiden Anstieg des schottischen Eiskletterstandards.

In den frühen 60er Jahren konstruierte Yvon Chouinard in den Alpen die ersten Pickel mit einer stark radialen Spitzenkrümmung, die dem natürlichen Radius der Schlagbewegung entsprach. Zweck dieser Konstruktion war es, auch in härtestes Wassereis leicht eindringen zu können. Er brachte diese Idee zurück in seine Heimat USA. In Colorado und an der Ost- und Westküste wurden damit die ersten gefrorenen Wasserfälle bestiegen. In Canada waren Bugs McKeith und Charlie Porter auf den Wasserfällen entlang des Alaskan Highway tätig und bestiegen mit den Burgess-Zwillingen unter anderem den ersten 1000 m hohen „Big-Wall"-Wasserfall, Polar Circus. Dieses Unternehmen dauerte mehrere Tage.

Der Coloradoszene entsprangen die innovativen Brüder Lowe, die zusammen mit einem neuen Bewußtsein über die Möglichkeiten, die Steileis zu bieten hat, auch einige revolutionierende Eisgeräte entwickelten. Somit war wieder ein Meilenstein und die Basis für eine neue Eisepoche gesetzt.

**Aus der Lehrschriftenreihe
des Oesterreichischen Alpenvereins**

Pit Schubert

Alpine Eistechnik

Herausgegeben vom Oesterreichischen Alpenverein
Allgemeine Ausrüstung – Alpintechnische Ausrüstung – Fahrt, Gefährten, Seilschaft – Eis und seine Gefahren – Knoten – Anseilen im Eis – Anbringen von Sicherungspunkten im Eis und Firn – Sicherungstheorie – Sicherungspraxis – Gehen und Sichern auf Gletschern – Spaltenbergung – Gehen und Sichern im Steileis – Biwak im Eis – Rückzug im Eis – Überleben im Eis – Alpines Notsignal – Schwierigkeitsbewertung im Eis.
276 Seiten. Zahlreiche Fotos und Zeichnungen. 12. Auflage 1981.

Zu beziehen durch alle Buchhandlungen

Bergverlag Rudolf Rother GmbH · München

II. Ausrüstung

1. Material

Am Anfang jeder Saison werden wir mit zunehmend teurer und bunter werdender Ausrüstung, vor allem im Bekleidungssektor, konfrontiert. Obzwar sie sich in den meisten Fällen nur geringfügig von den Vorjahresmodellen unterscheidet, wird der Kunde durch detaillierte Auslobung der Produktvorzüge so verwirrt, daß er nicht mehr über die für seine Zwecke wesentlichen Funktionsprioritäten klar entscheiden kann. Doch mit gesundem Hausverstand und dem bewußten Erkennen seiner Bedürfnisse wird der Leser verstehen, daß es nur den Kauf einiger wesentlicher Gegenstände bedarf, um die Felskletterausrüstung für das Eisklettern zu erweitern.

Die wichtigsten Ausrüstungsgegenstände zum Steileisklettern sind:
- Schuhe
- Steigeisen
- Pickel und Hammer (Handgeräte)
- Eisschrauben
- Warme Bekleidung

a) Bekleidung

Obwohl es derzeit ein enormes Angebot an Alpinbekleidung gibt, kann man gerade hier Geld sparen. Anfangs genügt sicher eine alte Sommerjeans mit zwei paar langen Unterhosen und ein paar Pullover mehr. Günstig wäre es vielleicht, in ein robustes Übergewand zu investieren. Berufsbekleidungsgeschäfte bieten Overalls aus Polyester/Baumwollgewebe zu billigen Preisen an. Sie sind halt nicht so bunt und es fehlen die entsprechenden Streifen. Es muß auch nicht immer Perlon sein, Polyester/Baumwolleinen, wenn einmal nachträglich imprägniert, hat den Vorteil, außerordentlich robust zu sein. Es werden auch in diesen Geschäften mit Kunstfaser wattierte Wärmegewänder für Liftpersonal preisgünstig angeboten!

b) Handschuhe

Warme Hände, sie müssen dabei nicht immer trocken sein, sind eine Voraussetzung für das gute Gelingen einer Tour. Fingerhandschuhe sind letztlich Fäustlingen vorzuziehen, da man doch immer wieder mit Eisschrauben hantieren muß und hierfür das entsprechende Fingerspitzengefühl braucht.

Mit Schaum gepolsterte Skihandschuhe sind ausgesprochen ungeeig-

Wasserfallklettern am Achensee.

net. Das Leder säuft sich irgendwann mit Wasser voll und dies gefriert dann im Schaum. Das Resultat: Hände im Tiefkühlfach. Am besten haben sich gewalkte Wollhandschuhe bewährt. Diese sind aber möglichst groß zu kaufen, da sie mit der Zeit eingehen. Gewalkte Wolle gewährleistet immer noch die beste Wärmeisolierung auch bei völliger Nässe.

Da Handschuhe einem großen Verschleiß unterzogen werden, gibt es eine Möglichkeit, hierbei Geld zu sparen. Im Bekannten- und Verwandtenkreis sind immer alte Wollhandschuhe zu bekommen, die man sich billig erstehen kann. Darüber können dann ein paar Gummihaushaltshandschuhe gezogen werden. Diese Kombination gewährleistet gute Wärmeisolierung, Wasserdichtheit und ideale Reibung beim Hantieren mit den Geräten. Die Haushaltshandschuhe können dann regelmäßig ersetzt werden.

Auf längeren Eisanstiegen sollte man ein paar Reservehandschuhe mitnehmen, um zumindest am Standplatz die Hände mit trockenen Handschuhen aufwärmen zu können.

c) Helm

Herabfallende Eisbrocken sind hart und können das Klettervergnügen eines unbehelmten Kletterers vorzeitig beenden. Auch ist es schon vorgekommen, daß Kletterer sich den schlecht verankerten Pickel selbst auf den Kopf geschlagen haben!

d) Schuhe

Derzeit gibt es am Markt grundsätzlich zwei Bergschuhtypen. Den Lederschuh und Modelle aus Kunststoff.

Kunststoffschuhe haben den Vorteil, daß sie leicht, widerstandsfähig und wasserdicht sind. Leider hat die Schaftkonstruktion einiger Modelle noch den Nachteil, daß Schnee im Schaftansatz (beim Drehgelenk) in den Schuhinnenraum geschaufelt werden kann. Resultat: Nasser Innenschuh. Außerdem hat Kunststoff den Nachteil, daß er

---

1. *Bergschuh mit übergezogenem Gamaschenüberschuh, der erhöhten Abriebschutz und Isolation bietet. Erhöht die Lebensdauer des Schuhs und garantiert trockene Füße.*
2. *Lederschuh mit Oberteil aus einem Stück Leder. Naht an der Ferse, daher lange Lebensdauer (dargestellter Schuh ist bereits 10 Jahre alt) und geringere Wasserdurchlässigkeit.*
3. *Kunststoffschalenschuh.*
4. *Übertrieben aufwendig konstruierter Lederbergschuh.*

nicht die Form des Fußes annimmt und immer in seine ursprüngliche Form zurückkehrt. Wenn also der Schuh nicht schon im Geschäft vorzüglich paßt, wird seine Paßform wahrscheinlich kaum besser werden. Im Gegensatz dazu gehört es bei den Lederschuhen fast schon zum guten Ton, daß man beim „Eintragen" ein paar Blasen davonträgt, sich der Schuh aber nach einiger Zeit dem Fuß anpaßt. Wenn man Lederschuhe regelmäßig behandelt, sind sie fast genauso wasserdicht wie Kunststoffschuhe. Nach jeder Tour sollten die Nähte mit Fett und das Oberleder mit Schuhpaste eingecremt werden. Bei der Wahl eines Lederschuhes ist darauf zu achten, daß er aus möglichst wenig Stücken Leder genäht ist. Jede Naht ist eine Angriffsstelle für Wasser und kann mit der Zeit reißen. Lederschuhe sind im allgemeinen schwerer als Kunststoffschuhe. Will man anfangs nicht in neue Bergschuhe investieren, so tun es Skibergschuhe auch. Der Schuh sollte für das Eisklettern gerade im Zehenbereich nicht zu eng sitzen, da man sonst beim Frontzackengehen ununterbrochen mit den Zehen vorne anschlägt.

e) Seil

Ein überlanges Seil (50 m) ermöglicht das Ausgehen langer Seillängen, da das Reibungsproblem im Eis nicht so groß ist wie im Fels. Seile sollten nach jeder Tour unbedingt ausgetrocknet werden, da die gefrorenen Eiskristalle Seillitzen durchschneiden können.

f) Steigeisen

Da das extreme Eisklettern großteils auf dem Steigen mit den Frontzacken der Steigeisen aufgebaut ist, werden ausschließlich Modelle dieser Art empfohlen. Grundsätzlich gibt es Modelle mit Gelenk und starre Eisen, wobei sich starre Eisen durch ihr erhöhtes Stabilisationsvermögen durchgesetzt haben.
Auch bei den starren Eisen gibt es zwei Modellgruppen:
1. Modelle mit zwei nach vorne gerichteten und zwei darunterliegenden schrägen Krallen.
2. Modelle mit nur zwei Frontzacken.
Die ersten Modelle bewähren sich durch eine große Zackenanzahl im Frontbereich bestens, solange ausschließlich im Eis geklettert wird. Im kombinierten Gelände und Fels haben die versetzten Zacken den Nachteil, daß sie den Fuß, wenn die horizontal gerichteten Zacken auf einen Tritt aufgesetzt werden, vom Fels weghebeln. Für kombinierte Touren sind Steigeisen mit nur zwei Frontzacken besser geeignet.

Im Eisbruch des Taschachferners. Der Kletterer wird durch die Toprope-Technik gesichert.

Vor kurzem wurde ein neuerer Steigeisentyp konzipiert, der durch eine erhöhte Zackenanzahl und durch eine stark versetzte Frontzackenanordnung auffällt (Modell Foot-Fang, Firma Lowe). Die versetzte Frontzackenanordnung ermöglicht eine maximale Fußstabilität auch bei (schlampigem) schrägem Einschlagen der Fußspitze, da durch die Zackenanordnung bei jeder Fußstellung das Eindringen zumindest zweier Zacken gewährleistet wird.

Gelenksteigeisen bieten mehr Beweglichkeit beim Aufsetzen der ganzen Fußsohle. Dies ist bei flacheren Touren vorteilhaft. Das Steigeisen muß am Schuh gut angepaßt sein. Als Faustregel hierfür gilt:

Das Eisen muß am Schuhrand „stecken", wenn man mit dem Schuh darauftritt. Wenn man den Fuß hochhebt, soll das Eisen, auch ohne Riemen festgezogen zu haben, nicht vom Schuh herunterfallen. Dies gewährleistet die exakte Kraftübertragung der Fußbewegung auf das Eisen.

1. Footfang

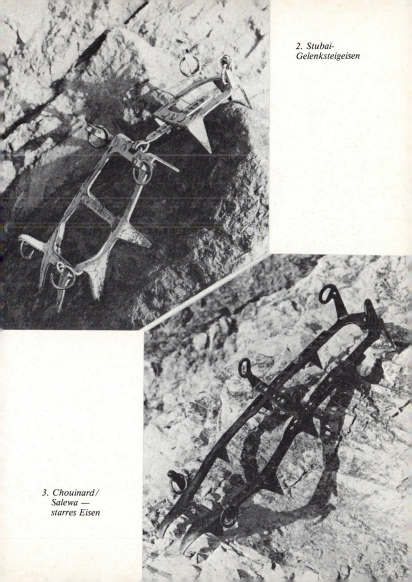

2. Stubai-Gelenksteigeisen

3. Chouinard/Salewa — starres Eisen

Steigeisen mit Riemen an den Schuh angeschnallt.

Unsere Steigeisen (Kapruner) ohne Riemen.

Algäuer zehnzinkiges, dreigliedriges Steigeisen.

Altes Steigeisen (Stolleneisen).

Vorläufer der heutigen Steigeisen; entnommen aus „Gefahren der Alpen" von Dr. E. Zsigmondy, Wien 1886.

g) Steigeisenbindungen bzw. -riemen

Neoprenriemen mit Ösenschnallen sind allen anderen Riementypen immer noch vorzuziehen. Trotzdem sind auch sie einem starken Verschleiß unterzogen und sollten regelmäßig ausgewechselt werden, will man mühsames Herumfummeln mit abgerissenen Riemen auf eisigen Standplätzen vermeiden. Steigeisenbindungen haben den Vorteil, daß die Eisen rasch an- und ausgezogen werden können, nur ist darauf zu achten, daß sie auch wirklich fest sitzen und nicht in einem ungünstigen Moment aufgehen. Ich ziehe Riemen immer noch Bindungen vor.

h) Gamaschen

Diese sollen das Eindringen von Schnee in den Schuhoberrand verhindern. Abgesehen davon, daß die meisten Modelle bei hartem Schnee entweder hinauf- oder hinabrutschen und die vereisten Zippverschlüsse kaum zu öffnen sind, erfüllen alle angebotenen Gamaschen grundsätzlich ihren Zweck.

Bild auf der letzten Doppelseite:
Die Belastung und tiefe Haltung der Fersen sorgt für sicheren Halt der Steigeisen.

Eisen müssen am Schuhrand stecken!

Richtiges Einfädeln der Steigeisenriemen. Immer von außen nach innen ziehen.
Somit wird größere Reibung erzielt und die Riemen klemmen sich von selbst ab.

Richtig angelegtes Steigeisen.

i) Handgeräte – Pickel/Hammer

Für Steileiskletterei sind nur Handgeräte mit einer starken Spitzenkrümmung geeignet. Dabei sind am Markt zwei verschiedene Ausführungen erhältlich, die jeweils einer differenzierten Schlagtechnik bedürfen.

Der schottische Eispickel „Terrordactyl" mit der steil nach unten gezogenen Spitze, eröffnete neue Möglichkeiten im Eisklettern.

1. Geräte mit einer gleichmäßig gekrümmten, kreisbogenartigen Spitze. Die Krümmung entspricht dem gleichmäßigen Verlauf eines engen Kreissegmentes. Hiermit kann ein ganz natürlicher, weit ausholender Schlag durchgeführt werden, da die Spitzenkrümmung dem Kreisbogen der Schlagbewegung entspricht.
2. Geräte mit gerader, steil abfallender Spitze (Terrordactylform). Der Schlag muß hierbei durch eine kurze Hackbewegung ersetzt werden und eignet sich hauptsächlich für extrem steiles oder dünnes Eis.

Grundsätzlich sind Geräte mit auswechselbaren Spitzen empfehlenswert, da die meisten Spitzen der dauernden Schlag- und Zugbelastung nicht standhalten. Manchmal ist es auch unvermeidbar, mit den Spitzen auf den Fels zu schlagen. Viele Hersteller bieten auch schon Geräte mit variablen Spitzen an, die den Vorteil haben, daß man den jeweiligen Eisverhältnissen entsprechende Spitzen einsetzen kann.

Obwohl es in den letzten Jahren Mode geworden ist, mit Geräten mit extrem kurzen Schäften zu klettern, so haben längere Schäfte doch unschätzbare Vorteile.

1. Große Reichweite: Apere Stellen oder Stellen mit schlechtem Eis können „überschlagen" werden.
2. Längerer Hebel: Durch den verlängerten Hebelarm des Schaftes ist eine größere Schlagwucht mit geringerem Krafteinsatz möglich, ohne sich dabei die Fingergelenke zu sehr anzuschlagen.

Die Cascade de la Fare ist einer der zahlreichen Wasserfälle im Übungszentrum Alpe d'Huez.

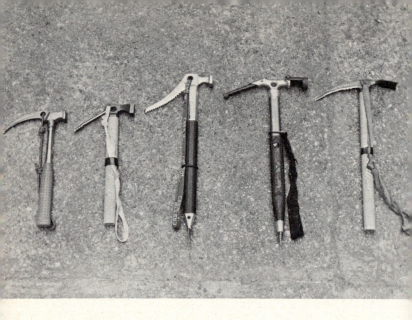

Von links nach rechts:

1. *Salewa-Eishammer. Nur als drittes Zusatzgerät geeignet (Schaft zu kurz).*

2. *Modifiziertes Stubai „Hidden Peak", mit steil abfallender Spitze. Unterer Spitz abgeschnitten, um größere Kopflastigkeit zu bewirken, bzw. die Verletzungsgefahr des Kletterers um eine Möglichkeit zu reduzieren.*

3. *Cassin-Eisbeil mit Bananenspitze. Ähnliche Schlageigenschaften wie steil abfallende Spitze.*

4. *„Hummingbird" mit auswechselbarer Rohrspitze und aufgesetztem großem Rohr zum Stufenschlagen.*

5. *Stubai „Manaslu" mit gleichmäßig gekrümmter Pickelspitze. Ein preiswertes Allroundgerät, dessen Spitzenkrümmung sowohl das Einschlagen der Spitze im steilen Wassereis als auch Stufenschlagen ermöglicht. Achtung! Kopf ist nur in den Rohrschaft eingeklebt und kann bei unsachgemäßer Behandlung ausreißen! Der Dorn ist aus den selben Gründen wie Punkt 2 entfernt.*

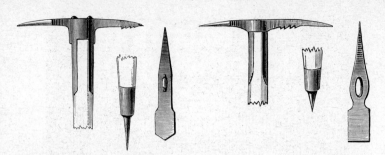

Eispickel, wie fie in Zermatt üblich find. Eispickel, wie fie in Sulden üblich find.

Eispickel des 19. Jahrhunderts, die nur zum Stufenschlagen geeignet waren; aus „Gefahren der Alpen" von Dr. E. Zsigmondy, Wien 1886.

k) Eisschrauben und Eishaken

Auch hier hat die Entwicklung nicht haltgemacht. Aus dem traditionellen Eishaken, der nur durch mühsames Herauspickeln wieder entfernt werden konnte, sind verschiedenartigste Sicherungshaken entstanden. Die richtige Wahl des Hakens ist stark von der Eisbeschaffenheit abhängig. Für jede Eisart ist ein bestimmter Haken am besten geeignet. Es gibt drei verschiedene Hakensysteme, die für das Steileisklettern geeignet sind.

1. Hohlrohrschrauben
Diese werden nach kurzem vorherigen Anschlagen in das Eis gedreht und durch Herausdrehen wieder entfernt.

2. Zahnhaken
Dies sind dünne Stahlstifte mit gewindeartig angeordneten Noppen oder Rillen, die in das Eis eingeschlagen und durch Drehen wieder entfernt werden.

3. Dünnwandige Hohlrohre, die eingeschlagen und durch Drehen wieder entfernt werden (Lowe Snarg).

Am schnellsten sind jene Haken anzubringen, die eingeschlagen und nicht gedreht werden müssen, jedoch ist das Entfernen dieser Haken etwas mühsamer.

Hohlrohrschrauben mit einem breiten Rohrdurchmesser und geringer Wandstärke besitzen die größte Haltekraft mit der geringsten Sprengwirkung im Eis.

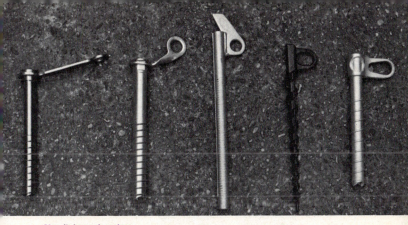

Von links nach rechts:
1. Titaneisschraube aus der Sowjetunion. Langer Hebelarm des Kopfes zum Drehen günstig!
2. Cassin-Rohrschraube.
3. Lowe „Snarg".
4. Spiralzahnhaken. (Nach neuesten Erkenntnissen keine große Haltekraft!)
5. „Chouinard-Eisschraube" mit 4 Gewindezähnen. Leicht einzudrehen.

Schrauben mit einem Mehrfachgewinde (z. B. 4 Rillen) sind leichter einzudrehen.
Je länger der Schraubenkopf ist, desto größer ist die Hebelwirkung und um so müheloser das Eindrehen.
Beim Einschlagen oder -drehen einer Schraube ist zu achten, daß die Schraube nicht „überdreht" wird. Stößt die Schraube am darunterliegenden Fels an, soll sie nicht weitergedreht werden. Vielmehr ist sie wie ein Felshaken so nahe wie möglich am Eis abzubinden. Das Einfrieren von Eispropfen im Schraubenrohr kann durch ein vorheriges Einsprühen mit einem Autokriechöl verzögert werden. Die Mitnahme einiger Felshaken und Klemmkeile ist auch bei einer Eistour zu empfehlen, da sich manchmal die Möglichkeit anbietet, im Fels zu sichern.

2. Materialpflege und -wartung

Alle Eisgeräte werden durch regelmäßige Benützung stark abgenützt und oft beschädigt. Es ist daher ratsam, regelmäßig (nach jeder Tour) den Zustand der Handgeräte und Steigeisen zu überprüfen. Scharf geschliffene Frontzacken und Pickelspitzen sind die Voraussetzung für

leichtes Eindringen auch im härtesten Eis. Deshalb sollten diese regelmäßig mit einer Handfeile messerscharf nachgeschliffen und durch einmaliges schräges Darüberfeilen entgratet werden.
Auch Steigeisenriemen müssen regelmäßig überprüft oder ausgetauscht und lose Verbindungsschrauben an den Steigeisen nachgezogen werden. Es empfiehlt sich, auch eine kleine Eisenfeile auf die Tour mitzunehmen, um etwaige Scharten oder stumpfe Spitzen nach- bzw. auszufeilen.

III. Klettertechnik

1. Allgemeiner Überblick

Im Eisklettern sind viele Parallelen zum Felsklettern zu finden. Obwohl man anfangs meint, Eis hätte eine gleichmäßig glatte Oberfläche, wird man bei näherer Betrachtung eine Struktur darauf erkennen können. Das sich ständig wandelnde Medium Eis bildet sich auf einer Unterlage aus Fels, gefrorener Erde oder Schutt und nimmt deren Oberfläche an, bzw. überträgt deren Form abgerundet nach außen. Ähnlich einer Felsplatte sind somit im Eis Buckel, Runsen und Einkerbungen zu erkennen.
Diese vorgegebenen Geländestrukturen sollten wie beim Felsklettern bewußt erkannt und genutzt werden. Die gerade Anstiegslinie ist daher auch im Eis nicht immer die natürlichste und idealste. Vielmehr ist es erstrebenswert, das Bewegungsspiel des sicheren Steigens dem vorgegebenen Gelände anzupassen, indem man die Linie des geringsten Widerstandes sucht und alle natürlichen Geländeformen zum Steigen, Rasten und Sichern ausnützt.
Der Eiskletterer ist kein alpiner Elefant im Porzellanladen, der sich, stumpfsinnig in das Eis hakend, geradlinig emporquält, sondern vielmehr ein feinfühliger Spitzentänzer auf einem steilen, gläsernen Parkett.
Die Hauptarbeit beim Klettern vollführen die Beine. Je steiler das Gelände wird, desto mehr müssen die Arme zur Stabilisierung des Oberkörpers hinzugenommen werden, wobei das ausgesprochene Ziehen mit den Armen so lange wie möglich vermieden werden soll. Erst im extrem steilen Eis wird es notwendig sein, einen Teil des Körpergewichts auf die Arme zu übertragen. Diese Phase sollte aber möglichst kurz gehalten werden.

2. Steigtechnik

a) Eisbouldern – die ersten Schritte

Die sichere Beherrschung der Klettertechnik und das Vertrauen zu den Eisgeräten ist die Voraussetzung für die Bewältigung längerer und steilerer Kletterziele. Hierfür sollte man anfangs ein paar Stunden auf kurzen Eisaufschwüngen, knapp über dem Boden, die spezifischen Eigenheiten der gewählten Geräte herausfinden und gefahrlos die verschiedenen Klettertechniken üben, wobei man Kletterstellen in variierender Steilheit und Eisbeschaffenheit in Angriff nehmen sollte. Dabei können etwaige Mängel in der Einstellung der Steigeisen bzw. Handschlaufen noch leicht behoben werden.

b) Sicheres Steigen

Um das richtige Steiggefühl zu erlangen, sollte zu Beginn Pickel und Hammer beiseite gelegt und nur mit den Steigeisen geklettert werden. Die Art, wie die Eisen ins Eis eingesetzt werden, ist von der Steilheit des Geländes abhängig. Grundsätzlich sollte man versuchen, so lange es geht, die ganze Steigeisenfläche aufzusetzen. Es hilft dabei, wenn man alle sich anbietenden Trittmöglichkeiten ausnützt. Außerdem ist zu beachten: Je mehr Zacken mit dem Eis Berührung haben, desto stabiler steht man.

Mit zunehmender Hangneigung wird es notwendig, die Fußspitzen leicht nach außen zu drehen oder den Hang diagonal ansteigend zu queren. Wird das Gelände steil, ist es notwendig, die Steigtechnik abermals zu ändern.

Ähnlich wie beim Felsklettern wird man versuchen, ausschließlich mit den Fußspitzen zu steigen und nur die Frontzacken einzusetzen. Die Hände dienen dabei nur zur Abstützung des Oberkörpers vom Hang. Die Schritthöhe der Beine entspricht meist der gewohnten Höhe einer Treppenstufe.

Die Art, wie die Eisen in das Eis eingesetzt werden, ist stark von der Beschaffenheit des Eises abhängig. Ist das Eis weich und griffig, so genügt ein leichter Pendelschlag mit dem Fuß, um die Eisen sicher zu verankern.

Bei zunehmender Härte des Eises muß der Fuß immer fester geschlagen werden. Mehrfaches Schlagen ist aber zu vermeiden, da dies Kraft kostet und letztlich unansehnliche Wannen hinterläßt. Der erste Schlag muß „sitzen".

c) Kombitechnik

Da das Steigen mit Frontzacken die Unterschenkel ermüdet, kann man durch wechselweises Einsetzen der gesamten Zackenfläche den entsprechenden Fuß entlasten.

Bewegungsablauf: 1. Rechter Fuß – Frontzacken / Linker Fuß ganze Fläche. Wenn rechter Fuß ermüdet, Fußstellung wechseln:
2. Linker Fuß Frontzacken / Rechter Fuß ganze Fläche.

Diese Technik stellt einen guten Kompromiß zwischen sicherem Steigen und minimalem Kräfteverbrauch im mittelsteilen Gelände dar.

Mit zunehmender Trittsicherheit kann man sich steileren Eisstellen zuwenden.
Dabei wird es zusehends notwendig, den Oberkörper zu stabilisieren. Man kann nun versuchen, natürliche Griffe wie Eiszapfen, Aushöhlungen und Riffel zu nutzen. Diese Übung wird dann später bei steilen Routen Erfolg bringen, da Schlag- und Ziehbewegungen mit den Armen Kraft kosten und die zeitweilige Ausnutzung natürlicher Griffe die Arme kurz entlastet.
Gerade bei mittelsteilen Anstiegen, z. B. alpinen Eisflanken, ergibt sich auf Grund der gleichförmigen Steigbewegungen Verkrampfungsgefahr für Füße und Waden. Durch das regelmäßige Wechseln der Fußstellung kann diese vermieden werden. Die Kombitechnik, eine Kombination aus Frontzacken- und Eckensteintechnik, kommt dem Kletterer hier entgegen und bietet Abwechslung im manchmal monotonen Steigrhythmus.

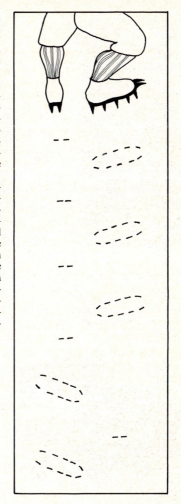

3. Steigen mit Handgeräten

Wird das Gelände durchgehend steiler, so wird es notwendig, ein Handgerät zur Oberkörperstabilisierung hinzuzunehmen. Die Art, wie die eingeschlagene Spitze im Eis eindringt bzw. hält, ist von der Wucht des Schlages, der Zahnung und der Krümmung der Pickelspitze und der Beschaffenheit des Eises abhängig. Es ist beim Zuschlagen zu beachten, daß der Pickel auch wieder leicht aus dem Eis zu entfernen ist. Dies setzt eine ökonomische, der Eisbeschaffenheit und der Steilheit des Geländes angepaßte Schlagbewegung voraus. Dabei wird das Gerät beim Schlagen nicht zu krampfhaft gehalten, sondern die Fliehkraft des Gerätekopfes durch einen weit ausholenden Schlag ausgenützt. Beim Ziehen an den Geräten sollte eine genau angepaßte Handschlaufe den Großteil des Körpergewichts aufnehmen.

Die sichere Beherrschung der Klettertechnik und das Vertrauen zu den Eisgeräten ist die Voraussetzung für Bewältigung längerer und steilerer Kletterziele.

Klettert man als Seilzweiter, so kann Zeit und Kraft gespart werden, wenn man die vom Vorgänger ins Eis geschlagenen Löcher mit Einsetzen der Geräte benützt. Mindestens ein Gerät sollte mit einem Hammerkopf versehen sein. Dieses Gerät befindet sich immer in der Arbeitshand (bei den meisten die rechte Hand), um damit Eisschrauben einzuschlagen. Wird ein Gerät mit Schaufelkopf benützt, so wird dieser

Bild links:
Klettern ohne Handgeräte mit maximaler Ausnutzung natürlicher Griffe und Tritte.

zum eventuellen Stufenschlagen oder zum Säubern der Eisoberfläche vom Schnee verwendet. Die Schaufel kann aber auch bei krustigem Eis (dünne Eisschilder mit darunterliegendem Schnee) statt der Spitze als Anker eingesetzt werden, um ein Durchreißen zu vermeiden.

Bei sehr steilen Routen sollte man ein drittes Gerät mittragen. Festgefressene Pickelspitzen sind nur durch Drehen des Schaftes und Abziehen beim Kopf zu entfernen.

Reicht dies nicht aus, so kann man die Spitze des zweiten Gerätes hinter dem Kopf des festgefressenen einschieben und durch Andrücken des Schaftes eine Hebelwirkung erreichen.

Nie den Schaft eines steckenden Gerätes gewaltsam nach außen reißen! Dabei kann die Spitze abbrechen, besonders Rohrspitzen sind hierfür sehr anfällig.

Richtiges Entfernen von festgefressenen Pickelspitzen:
Entfernen durch Drehen . . .   *. . . oder Verwendung eines zweiten Gerätes als Hebel.*

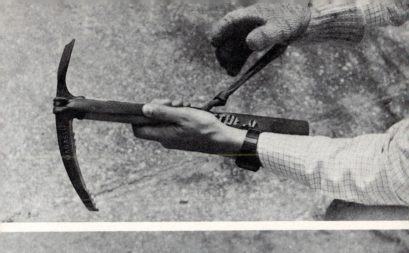

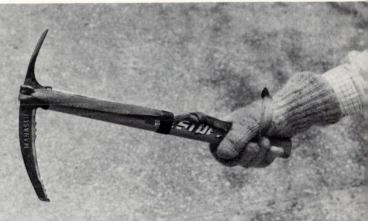

Richtig angepaßte Handschlaufe:
Die Handschlaufe soll so lang sein, daß die Handwurzel gerade oberhalb des Griffendes den Griff umfaßt. Immer die Handschlaufe mit Handschuhen anpassen. Die Handschlaufe etwas unter der Schaftmitte mit Klebeband um den Schaft kleben. Dies bewirkt, daß der Pickelkopf, wenn das Gerät nur am Handgelenk baumelt, nach unten hängt und der Schaft sofort wieder umfaßt werden kann.

a) Schlagtechnik

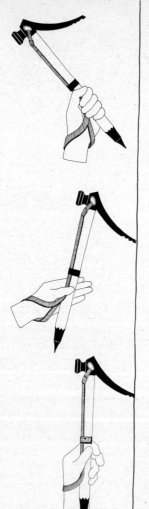

1. Schaft locker umfassen.
Handschlinge läuft im „Skistockprinzip"
locker um den Rist.
Weit ausholen und gezielt zuschlagen.

2. Knapp bevor die Spitze in das Eis eindringt, Faust öffnen und den Schaft nur mit Handinnenfläche und Daumeninnenseite führen. Man vermeidet damit das Anschlagen der Fingergelenke!

3. Faust locker schließen und nach unten ziehen. Dabei zieht sich die Handschlinge um den Rist zusammen und das Körpergewicht wird auf das Handgelenk übertragen. (Knochengerüst übernimmt Lastaufnahme.)

Zur leichteren Handhabung der Handgeräte ist es vorteilhaft, mit am Markt erhältlichen Hammerköchern und einem Gürtel (bzw. durch Anbringung am Sitzgurt) einen „Schnellziehhalfter" anzufertigen.

b) Ankertechnik mit einem Pickel im mittelsteilen Gelände

Entspricht die Eisneigung der Neigung klassischer alpiner Eiswände (45–60°), genügt ein Pickel als Stützgerät, wobei der Schaft mit der einen, der Kopf mit der zweiten Hand umfaßt und der Pickelspitz in Brusthöhe in das Eis gedrückt wird. Ist das Gelände so steil, daß der Oberkörper nach außen abkippen kann, wird der Pickel als Anker oberhalb des Kopfes eingeschlagen.

Ausgangsstellung: Beine leicht gegrätscht
Die Schlaghand umfaßt den Pickel am Schaft.
Die zweite Hand drückt den Oberkörper vom Hang weg.

Bewegungsablauf:
1. Pickel oberhalb des Kopfes einschlagen.
2. Mit der zweiten Hand Pickelkopf umfassen.
3. Mit den Beinen nachsteigen, bis Pickel sich in Bauchhöhe befindet. Fersen dabei nicht zu hoch aufrichten.

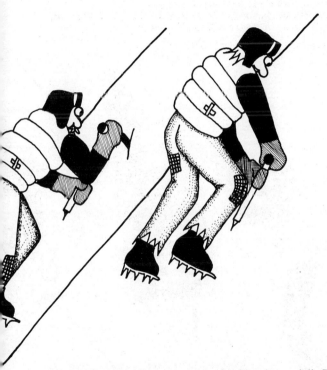

Die Pickelspitze wird nun vorsichtig vom Eis gelöst und die Beine befinden sich wieder in einer leichten Grätschstellung, um beim Abziehen des Pickels einen stabilen Stand zu gewährleisten.

c) Zugstemme mit einem Pickel bei kurzen Steilaufschwüngen

Kurze Steilaufschwünge können mit nur einem Handgerät bei sicherer Beherrschung der folgenden Klettertechnik rasch und leicht überwunden werden:

Die kritischste Bewegungsphase dieser Art der Ankertechnik ist das Durchziehen vom steilen ins flache Gelände, da man
1. mit den Armen vom Zug in den Stütz wechseln muß,
2. in dem Moment, wenn der Oberkörper sich im Flachen befindet, nicht mehr sehen kann, wo die Füße hinsteigen.

Ausgangsstellung: Beine leicht gegrätscht.

Pickel oberhalb des Kopfes, aber nahe der Abbruchkante im Flachen einschlagen.
Die Schlaghand umfaßt den Pickelschaft, die zweite den Kopf.

Bewegungsablauf: 1. Mit den Beinen nachsteigen, bis sich der Pickelkopf in Bauchhöhe befindet.
2. Den Oberkörper seitlich über den Pickelkopf durchdrücken und mit den Beinen nachsteigen (der Schwerpunkt des Oberkörpers soll sich annähernd oberhalb der Achse des Pickelschaftes befinden). Der Pickelkopf kann beim Hochsteigen ruhig von einer in die andere Hand gewechselt werden.

3. Die freie Hand zur Stabilisierung des Oberkörpers oberhalb des Kopfes auf das Eis auflegen.
4. Pickel nach oben abziehen. Der Oberkörper muß sich dabei im Gleichgewicht befinden. Die gewonnene Höhe ist von der Geländesteilheit abhängig, d. h., je flacher das Gelände, desto höher wird man durchsteigen können.

Bei sehr hartem Eis kann es ausnahmsweise manchmal besser sein, die Ferse etwas höher zu heben, um mehr Druck auf die Frontzacken zu bringen. Wesentlich ist dabei, daß die Ferse nicht zu hoch angehoben wird, um ein Herausdrücken der Frontzacken durch die Schuhspitze zu vermeiden.

d) Ankertechnik mit zwei Handgeräten

Im durchgehend steilen Gelände ist es notwendig, zwei Handgeräte als Anker einzusetzen.
Die Bewegungsfolge ist dabei von der Geländesteilheit abhängig.

● *Diagonalzug*
Im nicht allzu steilen Gelände können noch immer zwei Körperglieder gleichzeitig bewegt werden, ohne daß dabei der Oberkörper das Gleichgewicht verliert. In diesem Fall werden ein Arm und das diagonal gegenüberliegende Bein gleichzeitig bewegt.

Ausgangsstellung: Leichte Grätschstellung der Beine.
Bewegungsablauf: 1. Linken Arm heben und Gerät einschlagen /
Rechten Fuß heben und Frontzacken einsetzen.
2. Rechter Arm / Linker Fuß
usw.

Parallelzug an zwei Handgeräten:

Der Kletterer hängt in der Ausgangsstellung mit gestreckten Armen an den entsprechend abgestimmten Handschlaufen der fest eingeschlagenen Handgeräte.

Der darauffolgende Bewegungsablauf des Hochsteigens der Beine und des Hochdrückens des Oberkörpers erfolgt möglichst rasch, um Kraft zu sparen.

Die letzte Phase, das neuerliche Einschlagen der Pickel über dem Kopf, ist die anstrengendste.

Trotzdem sollte man sich vergewissern, daß die Pickelspitzen fest in das Eis eindringen, bevor man sich daran aufrichtet!

● *Parallelzug*

Im steilen Gelände kann man nur mehr ein Körperglied bewegen.
(Dreipunktregel beim Felsklettern.)

Ausgangsstellung: Leichte Grätschstellung der Beine.
Bewegungsablauf: 1. Linken Arm heben und Gerät einschlagen.
                    2. Rechten Arm heben und Gerät einschlagen.
                    3. Linkes Bein heben, Frontzacken einsetzen.
                    4. Rechtes Bein heben, Frontzacken einsetzen.

Der Kletterer hängt nun mit angezogenen Beinen
und gestreckten Armen an seinen Handgeräten.
5. Beine durchstrecken und Arme anziehen
(dies ist die anstrengendste Phase und sollte
daher möglichst rasch überwunden werden).

● *Affenzug (Monkey Hang)*

Der Affenzug ermöglicht es, auch steilstes Gelände mit relativ geringem Kräfteverbrauch zu durchsteigen, vorausgesetzt man ist mit dieser Technik vertraut und die Eisbeschaffenheit garantiert ein sicheres Eindringen der Geräte, da man in der Zugphase immer nur an einem Handgerät hängt. Die Technik entspricht grundsätzlich der Handrißtechnik im Felsklettern, wobei in der Hängephase, bei durchgestreckten Ellbogengelenken, die Armmuskeln leicht entlastet werden können.

Es empfiehlt sich, die Technik vorerst im flacheren Gelände genau zu üben. Der Affenzug ist auch für den Abstieg über kurze senkrechte Stufen geeignet.

Ausgangsstellung:
Leichte Grätschstellung der Beine, Arme gestreckt, das rechte Handgerät nur leicht einschlagen.

Bewegungsablauf:
1. Beide Beine anziehen und in einer Art Hockstellung von den Armen hängen.
Die Frontzacken der Steigeisen dringen durch den Druck des „L"-förmig angezogenen Körpers kräftig in das Eis ein.
Rechtes Handgerät vom Eis entfernen (Affenstellung).
2. Oberkörper aufrichten, am linken Handgerät ziehen.
Rechtes Handgerät oberhalb des linken einsetzen.
3. Am rechten Handgerät ziehen und mit den Beinen wieder Hockstellung einnehmen. Linkes Handgerät oberhalb des rechten einsetzen usw.

e) Ankertechnik-Quergang

Horizontale Quergänge im steilen Gelände sind auf Grund der Schwierigkeiten beim versetzten Einschlagen und Entfernen der Handgeräte meist unangenehm zu klettern. Günstiger ist es hierfür natürliche Geländeverflachungen zu wählen.

Ausgangsstellung:	Affenzug / gestreckte Arme, gestreckte Beine.
Bewegungsablauf:	Mit rechtem Handgerät so weit nach rechts schlagen, daß der Schaft noch senkrecht nach unten läuft.
	2. Mit rechtem Fuß nachsteigen.

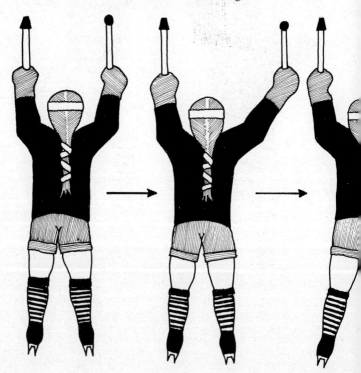

Die Arme und Beine bilden nun zueinander ein „X".
3. Linken Pickel in Kopfnähe links einschlagen. Der Schaft soll möglichst gerade nach unten laufen.
4. Mit linkem Fuß nachsteigen.

Beim Queren Drehbewegung am Schaft der Handgeräte vermeiden. Handgeräte möglichst nicht schräg einschlagen, da durch die Drehbewegung beim Nachsteigen die Pickelspitze im Eis gelockert wird. Lieber mehrere kurze als einen langen Schritt ausführen.

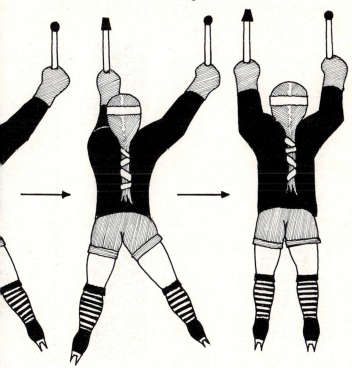

f) Quergang im extrem steilen Gelände

Bevor man einen Quergang durchführt, sollte man versuchen, so hoch wie möglich eine Sicherung zu setzen und d a r u n t e r horizontal oder sogar leicht absteigend zu queren. So kann der oft heikle Bewegungsablauf des Querens zumindest mit einer Art seitlichen Schwebesicherung gut abgesichert werden.

Danach steigt man dann wieder völlig geradlinig empor. Dadurch kann ein diagonales Ansteigen im steilen Gelände vermieden werden, das auf Grund des unnatürlichen Bewegungsvorganges kaum durchzuführen ist.

Eine typische Situation, wo diese Klettertechnik eingesetzt werden

kann, ist an senkrechten Eissäulen. Dabei wird man anfangs meist versuchen, so lange es geht, hinter der Säule zwischen Fels und Eis hochzuspreizen, um dann bevor die Säule wieder an den Fels „anwächst", an die Säulenvorderseite zu queren.

Ausgangsstellung: Anbringung einer verläßlichen Quergangssicherung.

Bewegungsablauf: 1. Horizontaler Quergang unter der Schraube. (Unter Umständen mit Seilzug.)
2. Nach Ausführung des Querganges, geradliniger Aufstieg.

g) Zugstemme mit zwei Handgeräten

Ausgangsstellung: Die Handgeräte ins Flache, aber nahe oberhalb der Abbruchkante einschlagen.

Bewegungsablauf: 1. Oberkörper an den Geräten hochziehen und mit den Beinen nachsteigen.
2. Mit den Händen von der Zug- in die Stützstellung wechseln (Pickelkopf umfassen).

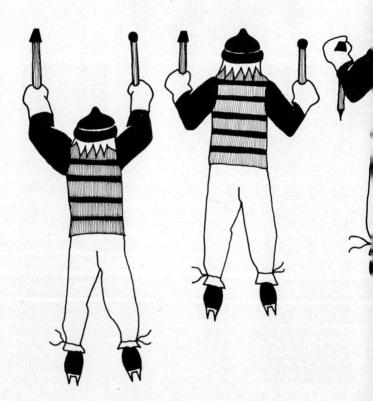

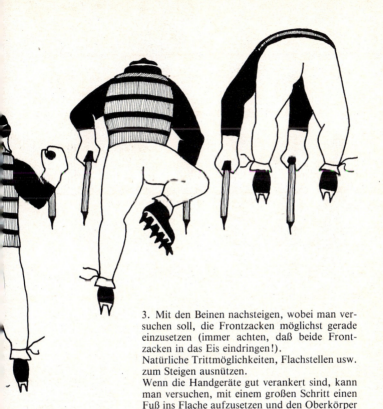

3. Mit den Beinen nachsteigen, wobei man versuchen soll, die Frontzacken möglichst gerade einzusetzen (immer achten, daß beide Frontzacken in das Eis eindringen!).
Natürliche Trittmöglichkeiten, Flachstellen usw. zum Steigen ausnützen.
Wenn die Handgeräte gut verankert sind, kann man versuchen, mit einem großen Schritt einen Fuß ins Flache aufzusetzen und den Oberkörper aufzurichten.

Ist das Gelände wider Erwarten zu steil zum Aufrichten des Oberkörpers, oder lassen sich die Pickel nur schwer entfernen, besteht die Möglichkeit, nur eines der Geräte aus der Stützstellung zu befreien und oberhalb des Kopfes einzuschlagen.

Damit befindet sich nun ein Arm in Zugstellung und ermöglicht ein sicheres Abziehen des zweiten Pickels.

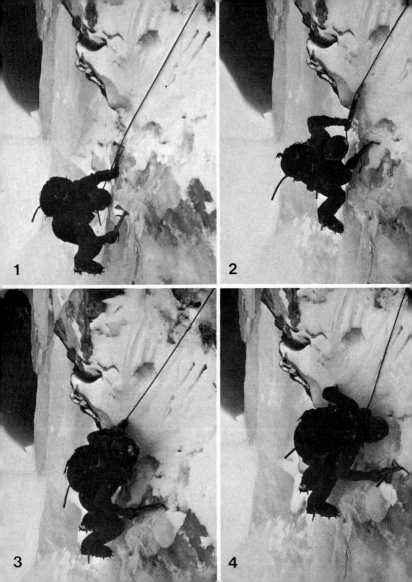

h) Stütztechnik mit zwei Handgeräten

Zum „Hinauflaufen" kurzer Flachpassagen im steilen Gelände kann man die Handgeräte beim Kopf umfassen. Sie dienen hierbei nur zur Stabilisierung des Oberkörpers und brauchen daher nur leicht ins Eis gedrückt zu werden. Wird das Gelände wieder steiler, so kann man sofort in die Ankerposition wechseln, indem man die Handgeräte wieder am Schaft hält.
Die Beine befinden sich in Frontzackenstellung.

Fotos links:
Zugstemme mit zwei Handgeräten, hier am Ausstieg des „Minieiger".

i) Pickelrasttechnik (bei überhängendem Eis)

Die Klettertechnik zur Überwindung überhängender Eispassagen, sofern diese vorkommen, ändert sich nicht wesentlich beim Klettern im senkrechten Eis. Jedoch wird zunehmend mehr Belastung auf die Handgeräte, bzw. Arme übertragen.

Inwieweit längere Eispassagen nur an zwei Handgeräten hängend überwunden werden können, hängt nicht nur von der Armkraft und der Moral des Kletterers ab, sondern auch von der Eisbeschaffenheit, da diese die Voraussetzung für das sichere Eindringen der Handgeräte bietet.

Ist das Eis aber spröd oder schollig, wird man gut daran tun, sich zu vergewissern, daß die Pickelspitzen auch wirklich fest sitzen. Ich habe mir hierfür eine eigene Technik zurechtgelegt, die man am besten als „Pickelrasttechnik" beschreiben könnte. Dabei wird das Hängen, von den Armen auf die Sitzschlinge übertragen. Hierfür ist es notwendig den Pickel entsprechend mit einer kurzen Kopfschlinge zu präparieren und mit 3 Handgeräten zu klettern, Vorteilhaft sind Geräte mit Hammerkopf.

Ausgangsstellung:
Ein Handgerät wird mit einem zweiten am Kopf soweit nachgeschlagen, bis die Spitze voll in das Eis eindringt. Mit einem, mit dem Sitzgurt verbundenen Fifihaken setzt man sich dann in die Kopfschlinge des Pickels.

Bewegungsablauf:
1. Das zweite Handgerät wird nun mit dem dritten in das Eis voll eingeschlagen.
2. Hochziehen und Einhängen der Sitzschlinge in das zweite Handgerät.
3. Das erste Handgerät kann nun entfernt werden usw.

Diese Form der Kletterei ist sicherlich nicht mehr als „freie" Eiskletterei zu bezeichnen (sofern Eisklettern überhaupt als Freiklettern im heutigen Sinne zu bezeichnen ist!).

Die „Pickelrasttechnik" ist aber eine relativ rasche Methode, steile Eispassagen zu überwinden, wo das sichere Eindringen der Geräte, auf Grund schlechter Eisverhältnisse, zweifelhaft sein kann.

Reicht auch diese Methode der Fortbewegung nicht mehr aus, so müssen die Pickelanker entweder durch Eisschrauben ersetzt werden oder alpine Puristen werden gezwungen sein den Rückzug anzutreten.

k) Anbringung von Zwischensicherungen
(vorher Sichern, Standplatz)

Man sollte immer dann versuchen, Zwischensicherungen zu setzen, wenn man eine gute Rastposition eingenommen hat. Vor dem Klettern einer Seillänge ist das Gelände nach Flachstellen und Rastmöglichkeiten zu prüfen. Da es aber im sehr steilen Eis oft kaum Rastmöglichkeiten gibt und es daher sehr kraftraubend sein kann, aus dem Stehen eine Zwischensicherung anzubringen, ist es notwendig, sich hierfür kurzzeitig an die Handgeräte zu hängen, um beide Hände für das Setzen einer Schraube freizubekommen. Im flacheren Gelände genügt es meist, sich an ein Gerät zu hängen. Im senkrechten Eis oder bei schlechten Eisverhältnissen sind zwei Geräte vorteilhafter (wobei ein drittes Handgerät zum Hakenschlagen zusätzlich notwendig wird). Dabei werden die Geräte so hoch wie möglich ein- und mit einem zweiten oder drit-

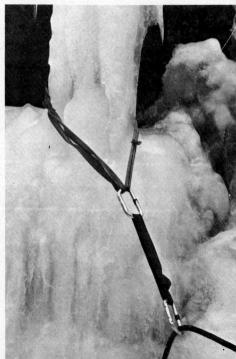

Eissäule als Sanduhrsicherung

ten Gerät am Kopf nachgeschlagen, bis die Spitze sicher im Eis verankert ist. Mit einer Karabinerschlinge kann man sich dann in den Klettergurt hängen.
Dabei sollte nie ein Gerät nachgeschlagen werden, an dem man gerade hängt, da sich beim Schlagen eine Scholle bilden kann, die bei Belastung abbricht. Erst in fest verankerte Geräte hineinhängen!
Auch ist ein Seilzug nach unten über einen in der Handschlaufe befindlichen Karabiner nicht empfehlenswert. Die Zugrichtung könnte nämlich schräg erfolgen und die Pickelspitze durch die Schaftdrehung herausgelöst werden.
Aus der Hängeposition kann man dann leicht eine Schraube anbringen.
Es können manchmal Eissäulen als natürliche Sanduhrsicherungen verwendet werden. Manchmal kann man durch das Herausschlagen zweier Löcher in einem Eisvorhang eine Sanduhr selbst schaffen. Standplätze werden wie im Fels mit mindestens zwei Eisschrauben eingerichtet, wobei die Schrauben durch eine Ausgleichsverankerung mittels einer langen Bandschlinge verbunden werden.

l) Rasten an zwei Handgeräten

1. Ein Gerät mit dem zweiten Gerät nachschlagen.
2. Zweites Gerät mit drittem Hilfsgerät einschlagen.

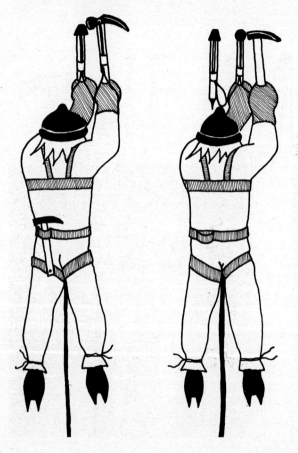

3. Handschlaufen der Geräte verbinden und am Klettergurt fixieren. Körper vorsichtig hineinhängen.
4. Sicherung einschlagen oder eindrehen.

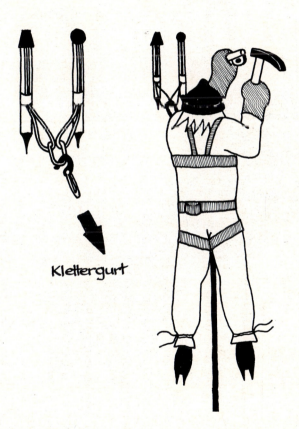

Klettergurt

Rastposition mit Sicherung an zwei Handgeräten.

4. Ökonomisches Klettern

Die rationelle Krafteinteilung und die sichere Begehung einer Eisroute sind abhängig von:
1. Tempo
2. Steigrhythmus
3. Geländeangepaßtem Setzen von Sicherungen.

Dies kann erreicht werden durch:
1. Sicherungen dort anbringen, wo man ruhig und ohne Kräfteverbrauch rasten kann.
2. In steilem Gelände nur aus der Rastposition am Pickel heraus die Sicherung anbringen.
3. Immer in gleichbleibenden, dem Kräfteverbrauch angepaßten Abständen rasten und Sicherungen anbringen.
4. So lange wie möglich mit nur einem Pickel klettern.
5. Natürliche Tritte ausnützen.
6. Besonders in steilen Passagen den Weg des geringsten Widerstandes suchen.
7. Im flacheren Gelände kann man gleichzeitig klettern und trotzdem Zwischensicherungen anbringen.
8. Durch Verwendung eines überlangen Seiles können längere Seillängen ausgegangen werden. Im Eis gibt es kaum Probleme mit der Seilreibung.
9. Nach natürlichen Sicherungsmöglichkeiten Ausschau halten. Klemmkeilmöglichkeiten im Fels bzw. Eissanduhren ausnützen.
10. Bei Zeitmangel soll der Seilzweite „auf Zug" klettern und notfalls ins Seil greifen.
11. Dreierseilschaften vermeiden.
12. Stufenschlagen nur im Notfall.

Für Bergwanderungen und Bergtouren
FÜHRER und KARTEN aus dem
Bergverlag Rudolf Rother GmbH · München

Zu beziehen durch alle Buchhandlungen
Verlangen Sie bitte unverbindlich einen Gesamtprospekt!

5. Standplatz

Sofern es die Eisverhältnisse erlauben, ist das Einrichten einer Standplatzverankerung mit Eisschrauben relativ einfach, da man sich die Position der Schrauben meist selbst wählen kann. Wichtig ist, daß man vorerst einigermaßen gut stehen kann. Hierfür kann notfalls eine Standstufe geschlagen werden.

Die zur Verankerung notwendigen Eisschrauben sollten immer in kompaktes Eis eingedreht werden. Manchmal ist es dafür notwendig, die Eisoberfläche von Schnee, weichem Eismatsch oder Krusteneis zu befreien.

Die bisher für den Standplatz übliche Ausgleichsverankerung kann im Eis zusätzlich mit zwei Eisgeräten abgesichert werden.

Bieten sich günstige Sicherungsmöglichkeiten im Fels, sollen auch diese genützt werden.

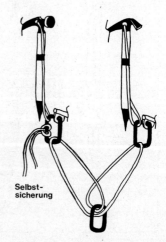

Selbstsicherung

6. Standplatzsicherung

Gesichert werden sollte direkt über die Ausgleichsverankerung. Dies läßt dann bei einem möglichen Sturz eine einfache und rasche Fixierung des Gestürzten zu.
Dabei haben sich zwei Sicherungsmethoden durchgesetzt. Die Sicherung mittels Halbmastwurf und mittels Abseilachter.

7. Hilfsmaßnahmen nach einem Sturz

a) Fixieren des Gestürzten

Nach einem Sturz muß der Sichernde den Gestürzten fixieren, um beide Hände für Hilfsmaßnahmen freizubekommen.

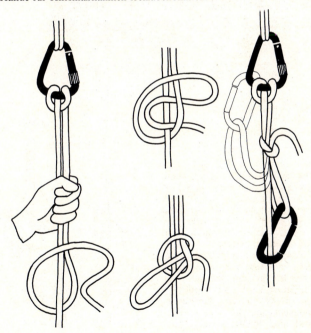

Hinter der Halbmastwurfsicherung wird mit dem losen Seil der
Schleifknoten geknüpft und die so entstandene Schlinge zur Absiche-
rung noch in einen Karabiner eingehängt. Es zeigen sich die Vorteile
der HMS (mit Stichsicherung nicht und mit Karabinerkreuzsicherung
nur schlecht möglich). Lösen des Schleifknotens durch Aushängen des
Karabiners und kräftigen Zug am losen Seilstrang. Der Gestürzte hängt
dann wieder in der HMS.

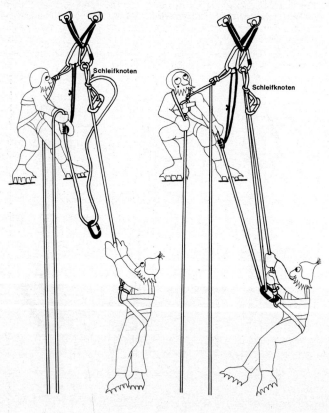

Wird die Gefährtensicherung noch am Körper gehandhabt (Körpersicherung, kann nicht mehr empfohlen werden, Verletzungsgefahr!), so ist die Fixierung des Gestürzten ungleich schwieriger, da der Sichernde immer in die Wirkungslinie der Kraft und damit aus seinem Stand gerissen wird. Konnte der Sichernde den Sturz trotzdem halten, muß er sich zunächst vom starken Seilzug (Gewicht des Gestürzten) befreien. Dies geschieht durch eine Prusikschlinge, die um das zum Gestürzten führende Seil (einhändig!) gelegt und in einem Karabiner am Standhaken eingehängt wird. Sodann wird der Gestürzte soweit hinabgelassen, bis er an der Reepschnur hängt und sich der Sichernde vom starken Seilzug befreien kann.

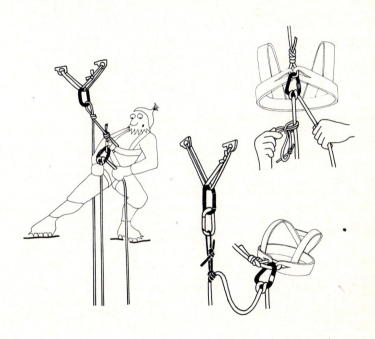

b) Prusiktechnik

Ist der Gestürzte unverletzt und fühlt er sich dazu in der Lage, kann er mit Hilfe der Prusiktechnik am fixierten Seil aufsteigen. In der mit Brust- und Sitzgurt angeseilten Hängeposition kann er in aller Ruhe die Prusikschlingen anlegen.

Länge und Anlegen der Prusikschlingen: Vom Fuß bis in Halshöhe reichend (eher etwas kürzer). Die Schlingen werden mit dem Prusikknoten (bei nassen oder vereisten Seilen eine Umschlingung mehr) ums Seil gelegt und hinter dem Brustgurt (also zwischen Brustgurt und Brust) hindurch- und von innen (Schritt) nach außen (um die Waden) herumgeführt.

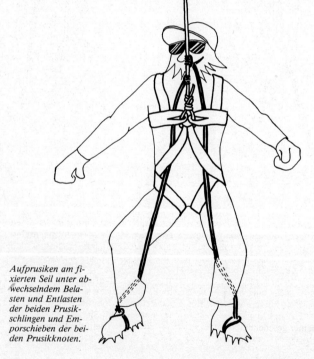

Aufprusiken am fixierten Seil unter abwechselndem Belasten und Entlasten der beiden Prusikschlingen und Emporschieben der beiden Prusikknoten.

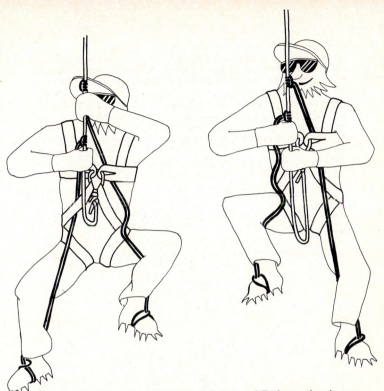

Aufprusiken: Unter abwechselndem Belasten und Entlasten der einen und der anderen Schlinge werden die beiden Prusikknoten abwechselnd höhergeschoben. Das Aufsteigen kann auch mit anderen Klemmknoten oder mit Steigklemmen erfolgen, am schnellsten und leichtesten mit den Steigklemmen System Jümar.

Unter dem sogenannten „Richtern" versteht man eine etwas bequemere, dafür langsamere Prusiktechnik. Statt der zweiten Steigschlinge wird eine kürzere Prusikschlinge benutzt, die am Sitzgurt befestigt ist. Das Höherschieben der Steigschlinge kann so, im Sitzgurt sitzend, bequemer geschehen. Wenn ein Bein ermüdet, wechseln die Beine ab; das Aufrichten kann auch mit beiden Beinen in der Steigschlinge erfolgen.

c) Flaschenzugtechnik

Ist der Gestürzte verletzt oder bewußtlos, kann er sich selbst nicht helfen, so muß der Seilpartner entsprechende Hilfsmaßnahmen einleiten. Mit dem einfachen bzw. den Mehrfachflaschenzügen läßt sich ein ausgewachsener Kletterer hochhieven, sofern das Seil nicht allzu viel Reibung an Felskanten und/oder in Karabinern erfährt. Relativ viel von der durch das Flaschenzugsystem gewonnenen Kraft geht durch Reibung innerhalb des Systems wieder verloren.

Bei Wahl des Flaschenzugsystems ist ausschlaggebend, wieviel Retter zur Verfügung stehen. Muß ein Retter allein mit der Bergung fertig werden, so sind die Mehrfachflaschenzüge vorteilhaft. Sind mehrere Retter zur Stelle, so kann der einfache Flaschenzug Anwendung finden. Beim Aufbau ist auf folgendes zu achten:

1. Einwandfreie Verankerung herstellen. Gegebenenfalls einen zweiten Fixpunkt schaffen.
2. Selbstsicherung genügend lang wählen, so daß ausreichend Bewegungsfreiheit besteht.
3. Alle Reepschnurschlingen, den erforderlichen Gegebenheiten angepaßt, möglichst kurz wählen. Reepschnurschlingen dehnen sich (je länger, um so mehr) und verursachen so unnötig große Hubverluste.

Garda-Klemmschlinge als Rücklaufsperre.

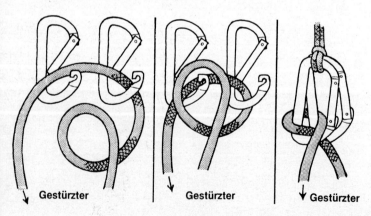

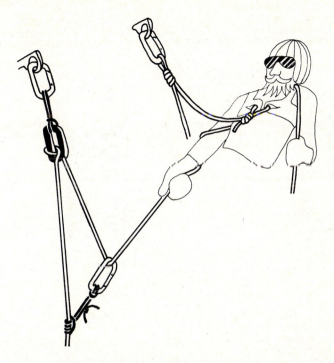

Der Anwendung der Flaschenzüge ist durch die an Fels- und Karabinerkanten (Zwischensicherungen) hervorgerufene Reibung Grenzen gesetzt. Wie die Reibung mit zunehmender Seilumlenkung größer wird, zeigt folgende Skizze.

Sind zwischen Gestürztem und Retter mehrere Zwischensicherungen und/oder Kanten, so kann dies die Seilreibung so weit erhöhen, daß auch bei Anwendung der Mehrfachflaschenzüge nichts mehr auszurichten ist. Der Retter muß sich dann (nach Fixierung des Gestürzten) aus dem Seil ausbinden und, mit Prusikschlinge am gespannten Seil gesichert, an diesem zurückklettern und den Flaschenzug an der letzten

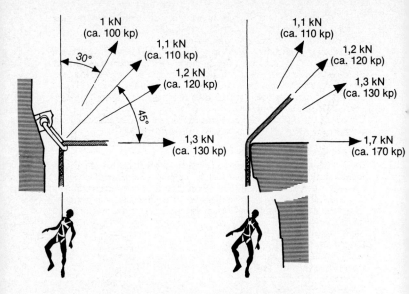

Zunahme der Reibung in Abhängigkeit von der Seilumlenkung.

Zwischensicherung unter Zuhilfenahme weiterer Haken (Selbstsicherung!) anordnen. Ob dies von der Art des Geländes her immer möglich ist, kann nicht vorausgesetzt werden.
Alle erläuterten Hilfsmaßnahmen lassen sich nur dann sicher und schnell anwenden, wenn sie zuvor mehrfach geübt wurden.
Trotzdem kann man sich auch im senkrechten Eis oft sehr leicht helfen. Sehr oft genügt dabei die Anwendung der „Pickelrasttechnik" und ein kräftiger Seilzug, um das mühsame Prusiken zu vermeiden.

8. Abstieg

Der Abstieg über Steileis ist meist mühsam und am einfachsten ist es sicher, sich abzuseilen. Dabei ist zu beachten, daß vereiste Seile und Handschuhe wenig Reibung bieten. Zusätzliche Reibung kann erreicht werden durch
1. Einkreuzen der Seile im Abseilachter.

2. Bei Abseilachter und Halbmastwurfbremse zusätzliche Führung der Seilenden über die Schulter (Körperreibung).
3. Abseilen mit konventionellem Dülfersitz.

Da Abseilen manchmal den Verlust teurer Eisschrauben bedeuten kann, sollte man versuchen, im flacheren Gelände abzusteigen. Das Beherrschen der traditionellen Eckensteintechnik ist hier hilfreich.

Über steile kurze Wandstufen sollte man mit „dem Gesicht zur Wand" absteigen. Dabei wird die Parallel- oder Affenzugtechnik, nur in umgekehrter Reihenfolge eingesetzt.

Überstrecktes Hängen an den Handgeräten ist zu vermeiden, da die Geräte nach oben abgezogen werden müssen!

Abstieg mit Eckensteintechnik

Die Eckensteintechnik stammt aus der Zeit, als Steigeisen keine Frontzacken hatten und daher zum Gehen die ganze Steigeisenfläche aufgesetzt werden mußte. Für flachere Eispassagen und alpine Firnflanken ist diese Art zu steigen noch immer die kraftsparendste, vorausgesetzt man verfügt über einigermaßen bewegliche Fußgelenke und nicht zu steife Stiefel.

Beim Abstieg im flacheren Eisgelände wird man naturgemäß versuchen, mit dem Oberkörper talwärts gerichtet zu gehen. Dabei werden die Steigeisen zuerst mit den Fersenzacken aufgesetzt und dann über die gesamte Sohlenfläche abgerollt. Um ein mögliches Verfangen der Frontzacken mit den Gamaschen zu verhindern, sollte der Schritt etwas breitbeinig erfolgen. Die Fußspitzen sind dabei leicht nach außen gedreht.

Je nach Steilheit des Hanges nimmt man eine gewisse Hockstellung ein, um nicht mit dem Oberkörper nach vorne zu kippen. Der Pickel dient dabei nur zur Abstützung des Oberkörpers vom

Hang und wird bei flacheren Stellen mit dem Schaft eingesetzt (Spazierstocktechnik).
Ist das Eis sehr hart, so empfiehlt es sich, kleinere Schritte zu machen und dabei die Eisen fest in das Eis zu treten. Es sollten dabei alle unter dem Fuß befindlichen (zehn) Zacken in das Eis eindringen.
Bei Eis mit Schneeauflage ist auf Stollenbildung unter dem Eisen zu achten. Regelmäßiges Abklopfen der Eisen mit dem Pickelschaft hilft die Schneestollen zu entfernen.

Zur Überwindung kurzer, steiler Stellen im Abstieg kann dann die Pickelspitze aus der Hockstellung unterhalb der Füße eingeschlagen werden. Der Schaft wirkt dann wie der Handlauf einer Stiege (Geländertechnik).

Diese Technik eignet sich nicht für Pickel mit extrem abfallenden Spitzen.

Bei dieser Art der Fortbewegung ist es motwendig, größere Schritte auszuführen. Dabei ist darauf zu achten, daß die Steigeisen immer fest in das Eis eindringen. Es hilft dabei, den Oberkörper in die Fallinie zu richten und sich immer nur mit einer Hand am Pickelschaft festzuhalten, um maximalen Druck auf die Steigeisen zu bringen. Um Zeit zu sparen, sollte der Pickel erst dann neu eingeschlagen werden, wenn man die volle Schaftlänge als Gelander ausgenützt hat und der Pickelkopf sich etwa in Höhe des Gesäßes befindet.

Manchmal wird es notwendig sein, beim Abstieg einen steilen Hang zu queren. Dabei wird der Pickel in Kopfhöhe als Anker eingesetzt. Die Fußspitzen sind talwärts gerichtet und die ganze Steigeisenfläche wird aufgesetzt.

Gequert wird durch seitliches Übersetzen des hinteren Fußes vor den vorderen, Nachziehen des hinteren Fußes sowie Nachsetzen des Pickels in Ankerposition.

Diese Bewegungsart erfordert große Beweglichkeit im Fußgelenk. Ist man anfangs noch unsicher beim Übersteigen, so kann man einen Fuß nebem den anderen nachsetzen. Dabei wird die Schrittfolge zwar kürzer, aber der Stand stabiler.

Anfangs wirkt sich die Eckensteintechnik ermüdend auf Oberschenkel, Knöchel und Füße aus, da sich der Fuß, durch das flächige Auftreten der Eisen, immer der Hangneigung anpassen und der Körper aufrecht bleiben muß. Es hilft dabei, den Schuh im Knöchelbereich etwas

zu lockern, um dem Fuß mehr Beweglichkeit zu geben.

Außerdem sollte eine rhythmische Schrittfolge erreicht werden. Das anfangs übliche Verweilen mitten in einem Schritt ist zu vermeiden, da sonst die gesamte Belastung auf einem Bein liegt und man dabei leicht das Gleichgewicht verlieren kann.

Im Gegensatz zu den leicht erlernbaren Frontzackentechniken erfordert die Ecksteintechnik sehr viel Übung.

Der wahre Meister des Eiskletterns sollte aber in der Lage sein, seine Schrittchoreographie den jeweiligen Eisbedingungen und Geländeneigungen anzupassen und aus seinem Repertoire an Techniken die jeweils sicherste und kraftsparendste auszuwählen.

9. Rückzug

Manchmal wird es notwendig sein, eine Eistour abzubrechen und umzudrehen. Da über Eisbeschaffenheit und -festigkeit bisher nur wenig Erfahrungswerte vorliegen, sollte man sich im Zweifelsfalle aus Sicherheitsgründen für den Abbruch einer Kletterei entscheiden. Folgende Gründe können hierfür ausschlaggebend sein:

1. Plötzlich auftretender starker Wärmeeinbruch. (Eisschlag.)
2. Eis zu dünn. (Keine Sicherungsmöglichkeit.)
3. Eis zu schollig. (Geräte halten nicht.)
4. Lawinengefahr.
5. Fortgeschrittene Tageszeit. (Unvorhergesehenes Biwak.)
6. Ermüdung bzw. physische oder psychische Erschöpfung.

Alle diese Punkte sind deshalb so detailliert ausgeführt, weil sie meist indirekt die Ursache für einen Sturz des Seilersten sind, bzw. Verletzungsgefahren durch objektive Einflüsse darstellen. Bedingt durch die spitzen Eisgeräte ist die Verletzungsgefahr im Eis besonders hoch und so muß jedes Sturzrisiko vermieden werden.

In vielen Fällen ist es möglich aus Wasserfällen in leichteres Randgelände zu queren und über baumdurchsetzte Felsstufen abzuseilen. Vor jeder Tour daher diese Rückzugsmöglichkeit prüfen! Ist Ausqueren nicht möglich, muß der Rückzug über die Tour erfolgen.

Bei allen nun beschriebenen Rückzugsmethoden sollte das Abseilen über freihängende Eiszapfen vermieden werden, da durch einen schrägen Seilzug (Pendeln) der am Seil hängende Kletterer sich selbst einen Eiszapfen auf den Kopf schlagen kann.

Falls das Abseilen über freihängende Eiszapfen unumgänglich erscheint, sollte man versuchen, noch im festen Eis stehend oder hängend, nach unten zu langen und mit dem Pickel die labil aussehenden Zapfen abzuschlagen.

a) Rückzug im leichten Gelände

Hier kann der Vorauskletternde, um Zeit zu sparen, mittels Halbmastwurf- oder Abseilachterbremse über die Standverankerung vom Seilzweiten hinuntergelassen werden. *Unterhalb* kritischer Kletterstellen kann er unter Umständen eine Eisschraube zur Sicherung des Nachkommenden setzen. Der Nachkommende klettert, vom Vorausgegangenen gesichert, ab und entfernt die Schrauben.

b) Rückzug im steilen Gelände

● **Standverankerung**

Um den Verlust teurer Eisschrauben zu vermeiden, kann versucht werden im Fels Haken anzubringen. Deshalb sollte immer eine kleine Kollektion Felshaken mitgeführt werden. Ein paar alte Eishaken oder -schrauben sind auch für diesen Zwecke mitzuführen. Sie müssen aber nicht dauernd am Klettergurt hängend einen bei der Bewegung stören, sondern können im Rucksack des Seilzweiten auf ihren rettenden Einsatz harren.

„Tote-Mann"-Verankerungen, d. h.: im Schnee eingegrabene Blechplatten, Pickel und Kleidungsstücke sind im Wassereis kaum zu empfehlen, da die Schneeauflage meist auf einer Wassereisunterlage aufliegt und bei Belastung leicht abgleiten kann. Verankerungen im festen Eis sind immer vorzuziehen.

Ausstieg aus einem Eiskamin im Glacier de Taconnaz am Montblanc.

● Abseilen

Ist das Gelände übersichtlich und der nächste Standplatz sicher erreichbar, kann normal abgeseilt werden.

● Rückzugsmethoden bei unübersichtlichem Gelände oder bei Verletzung

Im sehr steilen, unübersichtlichen Gelände oder bei Verletzung eines der Partner sollte nur mittels der folgenden Methoden abgestiegen werden.

Da aber auch im extremsten Falle eines Rückzuges letztlich über die vorhergegangene Aufstiegsroute abgeseilt wird und auch die steilsten Wasserfallrouten nur selten längere überhängende Eispassagen aufweisen (bedingt durch die Entstehung von Wassereis aus senkrecht fallenden Tropfen), kann die bisher im Fels gebräuchliche Rückzugsmethode etwas modifiziert werden.

Beim Rückzug im Wassereis können hauptsächlich Probleme beim Zurückklettern eines Querganges über einem vereisten Höhlendach entstehen.

● Rückzugsmethode in der Fallinie

Der Gefährte wird mittels einer Bremse (Achter, Halbmastwurf usw.) passiv hintergelassen. Er kann nun bei einer geeigneten Stelle eine neue Abseilverankerung einrichten.

Der sich nun unten befindliche Gefährte zieht das Restseil ein, bis das Seil zum oberhalb stehenden Kletterer gespannt ist. Der obere lenkt nun das Seil durch einen in der Verankerung hängenden Karabiner um und der untere bremst ihn nun mittels Halbmastwurf oder Achter langsam hinunter.

Skizze links:
Der Gefährte wird mittels Abseilachter vom Seilersten hintergelassen und sucht eine sichere Stelle für ein weiteres Abseilmanöver.

Skizze rechts:
Der nun am unteren Stand befindliche Kletterer bremst den Seilersten mittels Abseilachter nach dem Durchziehen des Restseils hinunter.

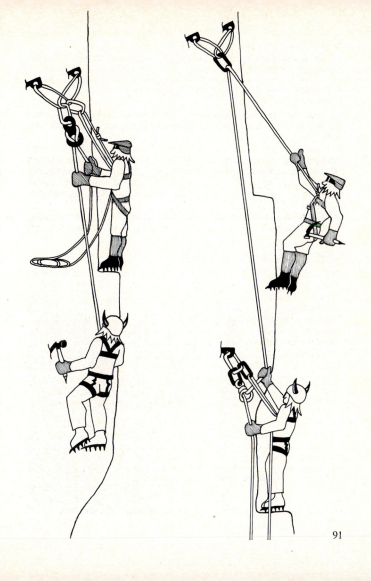

● Rückzugsmethode versetzt zur Fallinie

Im Falle, daß ein Quergang oder eine diagonal ansteigende Linie zurückgeklettert werden muß, kann der zuerst hinabgelassene Kletterer ein Zurückpendeln vermeiden, indem er an strategisch wichtigen Punkten Zwischensicherungen anbringt. Der Nachfolgende hängt das in der Umlenkung gegenlaufende Seil mittels einer Schlinge und Karabiner in das Brustgeschirr ein. Damit wird seinerseits ein Zurückpendeln vermieden und er kann problemlos die vom ersten gesetzten Sicherungen entfernen.

In beiden Fällen wird der Vorgang dann so wiederholt:

Hat der Seilzweite den unteren Standplatz erreicht, muß sich einer der beiden, nachdem er sich mit einer in den Stand eingehängten Schlinge selbst gesichert hat, losbinden und das Seil wird abgezogen.

Obzwar diese Methode des Rückzuges den Vorteil der steten Sicherung beider Partner bietet, verursacht sie einen oft erheblichen Materialverlust.

Der geübte Eiskletterer wählt die Technik zur Fortbewegung entsprechend der Neigung des Geländes.

IV. Wetter- und Eisverhältnisse, Routenwahl

Da die meisten Bergsteiger Großstadtmenschen sind, ist es für sie oft schwierig, im Winter die Eisverhältnisse abzuschätzen.
Grundsätzlich sind aber die Eisverhältnisse dann am besten, wenn nach einer langen Kälteperiode ein rascher Wechsel von kurzzeitigen Tau- und Frierperioden auftritt. Hierbei genügt es, die täglichen Wetternachrichten zu verfolgen und den Temperaturwechsel in den inneralpinen Tälern zu beobachten.
Beginnt der Winter mit einer Schneedecke auf noch warmen Boden, und sinken die Temperaturen erst später unter 0 Grad, so bildet dies eine schlechte Voraussetzung für den gesamten Eisaufbau des darauffolgenden Winters. Unter der isolierenden Schneedecke bildet sich dann kaum noch Eis. In diesem Falle kann sich erst nach einer erheblichen Tauwetterperiode Eis bilden.
Trotzdem heißt dies nicht, daß man bei schlechten Eisverhältnissen oder Witterungsbedingungen keine Tour machen kann. Man muß eben die Ziele den Möglichkeiten anpassen. Bei dünner Eisauflage ist es dann besser, eine flachere Route zu wählen, da das Eis hier doch eine festere Verbindung mit dem Untergrund hat.
Ist die Sonneneinstrahlung schon sehr stark, wird man sich eine nordseitig gelegenen Flanke suchen.
Besteht Lawinengefahr, so wird man einen Wasserfall weit unterhalb der Waldgrenze besteigen.
Bei großer Tageserwärmung ist eine Begehung zeitig am Morgen empfehlenswert.
Bei steileren Tourenzielen ist zu beachten, daß eine Seilschaft im extrem steilen Gelände pro Seillänge etwa 1 Stunde braucht und die Wintertage kurz sind.

1. Metamorphose des Eises – Kletterstil

Die Schwierigkeiten einer Eispassage sind nicht nur von der Steilheit, sondern auch von den vorhandenen Eisverhältnissen abhängig. Die richtige Gerätewahl und die entsprechende Klettertechnik sind zur sicheren Überwindung der vorgefundenen Schwierigkeiten entscheidend.
Eis ist im Gegensatz zum Fels ein plastisches, sich immerfort änderndes Medium. Die Veränderung kann nicht nur täglich, sondern auch stündlich eintreten. Gerade diese Tatsache ist bei dieser Spielform des Bergsteigens so reizvoll, da man das Kletterverhalten und Entscheidungen

der jeweiligen Situation anpassen muß. Das richtige „Eisgefühl" ist aber, wenn überhaupt, erst nach jahrelanger Erfahrung zu erreichen.

Trotzdem sollen die folgenden Beschreibungen einen groben Überblick über einige typische Eisbeschaffenheiten, die zweckentsprechende Anwendung der geübten Klettertechniken und den richtigen Einsatz der zur Verfügung stehenden technischen Hilfsmittel geben. Grundsätzlich wird Eis entweder aus immerfort tauenden und frierenden Schneekristallen oder aus tauendem und gefrierendem Tropfwasser gebildet. Schnee-Eis hat einen höheren Grad an Lufteinschlüssen und ist daher leichter mit den Geräten zu durchdringen. Es kommt hauptsächlich in alpinen Gletscherregionen vor. Wassereis ist wesentlich härter. Da die meisten schwierigen Eisrouten sich eher aus dieser Eisart zusammensetzen, soll diese näher beschrieben werden.

Ist es trotz sicherer Beherrschung aller Klettertechniken unmöglich, eine Eispassage zu klettern, so zeigt diese Darstellung den letzten Ausweg!

a) Ideale Eisverhältnisse

Hartes Wassereis mit einer leicht aufgeweichten Oberfläche (Stabiler Kern mit weicher Schale).

Klimatische Bedingungen, Lage der Route
Kalte Nächte / Warme Tage.
Kalter Tag / Sonnseitige Tourenlage
Lange Kälteperiode / Anfang eines Wärmeeinbruches.

Geräte
Pickel, Hammer mit voller Spitze.
Frontzacken lang.

Klettertechnik
Kurzes, einmaliges Anschlagen der Geräte sollte genügen, um ein sicheres Eindringen zu gewährleisten.

Gefahren
Durch Sonne / Wärme, Zunahme von Stein- und Eisschlag.

Ideale Eisverhältnisse am „Glaspalast". Hartes Kerneis, durch nachmittägliche Sonnenbestrahlung oberflächlich aufgeweicht.

b) Scholliges, sprödes Eis

Eis, das beim Zuschlagen tellerartige Schollen bildet oder in Stücken abbricht.

Klimatische Bedingungen, Lage der Route
Extreme Kälte.
Nordseitige Lage.
Sofort mit Eisunterlage gefrierender Schneefall oder Regen.

Geräte
Pickel, Hammer mit Rohrspitz vorteilhafter, da geringere Sprengwirkung.
Frontzacken lang und gut geschliffen.

Klettertechnik
Mehrmaliges Anschlagen der Handgeräte notwendig, um etwaige oberflächliche Schollen abzuschlagen und eine gute Verankerung der Geräte auf festem Grundeis zu sichern. Einsatz von Rohreisspiralen mit geringer Wandstärke als Zwischensicherungen empfehlenswert, da geringe

Die gleiche Stelle bei wesentlich ungünstigeren Eisverhältnissen. Nach kurzer Tauperiode bewirkt Schneefall und darauffolgender Kälteeinbruch extreme Schollenbildung im Eis. Es sind kaum sitzende Zwischensicherungen anzubringen.

Wasserfallklettern in der Eng im Karwendel.

Sprengwirkung. Dort klettern, wo Wasser tropft oder rinnt. An diesen Stellen ist das Eis meistens weicher.

Gefahren
Oft ist es schwierig, wegen Schollenbildung Zwischensicherungen zu setzen. Seilzweiter ist durch abgeschlagene Schollen gefährdet.

c) Krustiges Eis

Eis mit einer sandwichartigen Füllung aus Schnee oder dicke Schneeschicht mit Eiskruste.

Klimatische Bedingungen, Lage der Route
Ausgiebiger Schneefall auf Grundeis, darüber wieder durch Kälteeinbruch gebildete Kruste aus Tropfeis.

Geräte
Um ein Durchreißen zu vermeiden, kann manchmal der Einsatz der Pickelschaufel vorteilhaft sein.

Klettertechnik
Ist die Kruste stabil und doch leicht zu durchdringen, so kann man solch eine Passage leicht überwinden. Ist die Kruste jedoch dünn, muß die darunterliegende Schneeauflage soweit entfernt werden, bis man die Geräte in das gewachsene Grundeis einschlagen kann. Das Vorankommen kann aber sehr mühsam sein, wenn sich unter der Schneeoberfläche kein Eis befindet. Manchmal ist es günstig, Grifflöcher zu schaffen und diese als Fortbewegungshilfe mit den Händen zu benützen, da deren größere Auflagefläche eine geringere Gefahr des Durchreißens bedeutet.

Gefahren
Setzen von Zwischensicherungen oft problematisch.
Ist die Kruste jedoch fest genug, kann man durch weites Auseinandersetzen von zwei Löchern eine Art Sanduhr zum Sichern schaffen. Mögliche Gefahr des Durchreißens der Geräte durch die Kruste.

d) Morsches Eis

Eis mit hohem Wasseranteil. Sehr feuchtes Eis mit geringer Verbindung zum Untergrund. Geringe Eigenstabilität.

Klimatische Bedingungen, Lage der Route
Längerer Warmwettereinbruch.
Einsetzender Regen.
Zu starke Sonnenbestrahlung.
Zu starke Hinterspülung durch Schmelzwasser.

Geräte
Pickel und Hammer mit voller Spitze, da Rohrspitzen sich mit Wasser füllen und vereisen. Schnorchel und Schwimmflossen anlegen!

Klettertechnik
Sachtes, gefühlvolles Einsetzen der Geräte, wo Eis dicker und fester erscheint. Nach Einsetzen der Spitze Schaft ans Eis anlegen und nach unten ziehen. Jede Hebelwirkung nach außen vermeiden! Dickere Eisrippen als natürliche Griffe verwenden.

Gefahren
Ablösen ganzer Eisschollen vom Untergrund.
Eisschlag.
Setzen von Zwischensicherungen im Eis sehr schwierig.
Lawinengefahr.

e) Geriffelte Eisvorhänge, Eissäulen
Durch Tropfeis gebildete Eiszapfen und Riffel in den verschiedensten Phasen der Verschmelzung.

Klimatische Bedingungen, Lage der Route
Das Stadium der Verschmelzung ist abhängig von der Folge der Tau- und Frierperioden. Je kürzer und oftmaliger der Wechsel des Tauens und Frierens ist, desto dicker und verwachsener sind die Eiszapfen.

Geräte
Abhängig von der gerade herrschenden Temperatur. Bei großer Kälte (eher hartes und scholliges Eis) Einsatz der Rohrspitze.

Klettertechnik
Hier bieten sich durch die Riffelbildung oft natürliche Zangengriffe an, die man, um Kraft zu sparen, benützen kann. Natürliche Sanduhren zwischen Eiszapfen sind manchmal rascher als Zwischensicherungen zu benützen als das Einschlagen von Schrauben oder Haken. Da sich diese Eisformation hauptsächlich im steilen Gelände bildet, ist auch darauf zu achten, daß jede natürliche Rastmöglichkeit ausgenützt wird. Manchmal ist auch ein Hochspreizen zwischen Eisvorhang und dahinterliegender Felshöhle eine rationelle Steighilfe.

Gefahren
Achtung, daß der Eisvorhang bzw. die Eissäule eine stabile, dicke und fest mit dem Boden verwachsene Basis hat. Achtung vor freihängenden Eiszapfen. Diese sind meist sehr labil und es besteht die Abbruchgefahr des gesamten Zapfens vor allem dann, wenn er von Wasser hinterspült wird.

Verschiedenste Formen von „Riffel- oder Tropfeis". Die Riffelbildung in der rechten Aufnahme ist noch wenig ausgeprägt und verlangt große Vorsicht.

f) Dünnes Eis
Geringe Eisbildung

Klimatische Bedingungen, Lage der Route
Zu kurze Kälteperiode (z. B. Anfang des Winters).

Geräte
Pickel und Hammer mit extremer Spitzenneigung vorteilhaft. Rohrspitze vermeiden, da Rohr bei eventuellem Schlagen auf Fels schartig wird.

Klettertechnik
Das übertriebene Schlagen von Geräten vermeiden. Die Geräte sachte ansetzen und mit festem Druck in das Eis hineinpressen. Wird das Eis durch eine Schneeauflage abgedeckt, so ist bei Übergängen ins flache Gelände Vorsicht geboten. Das Eis ist im Flachen meist dünner, da keine Eisbildung durch Tropfwasser vorhanden. Unbedingt vor dem Übergang ins Flache eine Sicherung anbringen und an der Abbruchkante den Schnee so weit wie möglich abräumen, um ans Grundeis zu gelangen.

Gefahr
Durchreißen der Geräte bei nicht entfernter Schneeauflage.
Lawinengefahr bei dicker Schneeauflage.

g) Verglaster Fels
Feine Eisglasur auf darunterliegendem Fels.

Klimatische Bedingungen, Lage der Route
Kurzzeitiger Kälteeinbruch.
Frieren von Schmelzwasser oder vorhergehendem Regen.

Geräte
Kurze Frontalzacken.
Keine Verwendung von Pickel oder Hammer, außer falls notwendig, um Eis abzuschlagen.

Klettertechnik
Beine werden wie beim Felsklettern eingesetzt, d. h. Ausnützung der von der Felsstruktur gebotenen natürlichen Griffe und Tritte. Das Eis ist hierbei durch seine geringe Auflage eher als Hindernis anzusehen.

Gefahren
Klettertechnisch eine der anspruchsvollsten Bedingungen überhaupt.
Zwischensicherungen können nur im Fels angebracht werden.

V. Gefahren

1. Lawinengefahr

Viele, vor allem höher gelegene Wasserfälle und Eisrinnen befinden sich im Einzuggebiet von Lawinen bzw. es können sich von der eisigen Unterlage Lawinen ablösen. Daher sollte man vor Antritt einer Eistour die Schneeverhältnisse und Witterungsbedingungen prüfen.

2. Stein- und Eisschlag

Bei starkem Wärmeeinbruch oder Sonnenbestrahlung können sich von den Wänden am Rinnenrand oder in der Route Eiszapfen und Steine ablösen. Eine entsprechend frühe oder späte Tagesbegehung kann diese Gefahr vermeiden. Es ist empfehlenswert herauszufinden, um welche Tageszeit der Hang oder die Wand Sonne bekommt.

Der aktuellen alpinen Mode entsprechend ist der Steinschlaghelm derzeit nicht gerade „in". Wenn man aber einige Male am Standplatz durch vom Seilersten losgeschlagene Eisschollen getroffen wurde, wird man den Sinn eines Steinschlaghelmes beim Eisklettern erkennen müssen. Außerdem sollte, wenn es die Größe des Standplatzes erlaubt, die Selbstsicherung nicht zu kurz gehalten werden, damit man etwaigen herabfallenden Schollen ausweichen kann.

Die Wahl des Standplatzes kann auch zur Reduzierung der Verletzungsgefahr durch Stein- und Eisschlag beitragen.

Die sichersten Standplätze sind meistens unter Überhängen, in Eishöhlen oder in einer Spalte im Übergangsbereich zwischen Fels und Eis zu finden.

3. Sturz

Da Steileisklettern nur mit Hilfe allerlei sehr spitzer Geräte möglich ist, sollte man Stürze, seien sie auch noch so kurz, vermeiden.

Scharfe Pickel können nicht nur ins Eis eindringen und auch die stärksten Knöchel halten einem Sprung mit Steigeisen auf eine Eisplatte nicht stand.

Typischer lawinengefährdeter Wasserfall (oberhalb weites Lawineneinzugsgebiet durch offene Hänge). (Bild links)

Naßschneelawine im „Schlund" am Göller, 30m vom Standplatz einer Wassereistour. (Bild rechts)

Manche Kletterer bringen gerne ihre Handgeräte mit einer zusätzlichen Sicherungsschlinge am Klettergurt an. Obzwar dies einen eventuellen Verlust des Gerätes verhindert, ziehe ich vor, bei einem Sturz u. U. die Geräte lieber zu verlieren, als sie um meine Ohren gewirbelt zu bekommen.

Richtiges Einschätzen der Eisverhältnisse und des eigenen Könnens sowie Rastpausen können die Sturzgefahr reduzieren.

Eine kritische Situation im Eisklettern, nämlich das Verlassen des Standplatzes vom Seilersten und die dadurch bedingte Bedrohung des Seilzweiten durch zu scharf geschliffene Steigeisenspitzen, vermeidet man am besten durch eine versetzte Anstiegslinie zum Stand. Auch sollte bald nach Verlassen des Standes die erste Zwischensicherung gesetzt werden, um einen Sturz direkt in die Standplatzsicherung zu vermeiden.

Das richtige Abschätzen der Eisverhältnisse erfordert viel Übung und kann nur durch jahrelange Erfahrung erreicht werden.

Anfangs wird auch die Neigung von Wasserfällen unterschätzt. Wasserfälle sind oft steiler als sie aussehen! Das oftmalige Einschlagen und Ziehen am Pickel erfordert mehr Kraft als das Felsklettern an vorgegebenen Griffen und Tritten, vor allem im steilen Gelände.

Deshalb sollte man sich am Anfang nicht zu viel vornehmen und auf kurzen Aufschwüngen im leichteren Gelände experimentieren!

Eiszapfen und dünne Eissäulen erfordern — wie hier beim Vilsalpsee im Tannheimer Tal — Vorsicht und Erfahrung beim Klettern.

VI. Spielplätze

Die im folgenden Kapitel beschriebenen Routen sind nur ein verschwindend kleiner Bruchteil der vielen Möglichkeiten, die sich dem Steileiskletterer im Winter bieten. Jedoch sollen ein paar Zentren näher betrachtet werden, die leicht, auch bei schlechten Wetterbedingungen erreichbar und daher für erste Versuche ideal sind. Grundsätzlich wird man in allen Teilen des Alpenhauptkammes, vor allem in Gebieten aus Urgestein, Wasserfälle finden.

1. Schwierigkeitsbewertung

Es wurde von der herkömmlichen Schwierigkeitsbewertung für Felsrouten Abstand genommen, da die Schwierigkeiten im steilen Eis stark von den jeweiligen Eisverhältnissen abhängig sind. Da die angeführten Routen jedoch als empfehlenswerte Einführung ins Steileisklettern gedacht sind, ist es notwendig, eine Vergleichs- und Beurteilungsgrundlage für den persönlichen Leistungsmaßstab jedes Interessierten anzuführen. Daher wurde eine grobe Vergleichstabelle in Punkteform ausgearbeitet, die davon ausgeht, daß der Kletterer bereits alpine bzw. Klettererfahrung besitzt.

Die Punktezahl richtet sich nach der Gesamtsteilheit, Länge und Ernsthaftigkeit der Route. Dabei werden die Anforderungen der Route mit dem hierfür notwendigen Kletterstandard des Lesers im Fels oder klassischen alpinen Eis verglichen.

- ● Leichte Kletterei, wenig Steilstufen, gute Einführung für Felskletterer, die in der Lage sind, den III. bis IV. Grad zu führen oder bereits leichte alpine Eistouren unternommen haben.
- ●● Mittelschwere Kletterei, längere steile Passagen. Gute Einführung ins steile Wassereisklettern für Bergsteiger mit alpiner Eiserfahrung (klassische alpine Eiswände) bzw. Felskletterer, die den V. Grad beherrschen.
- ●●● Schwieriges, steiles Wassereis, für sportlich ambitionierte Kletterer.

Lage der Spielplätze: 1 = Gasteiner Tal; 2 = Klammstein; 3 = Umgebung Böckstein; 4 = Kitzlochklamm bei Taxenbach; 5 = Saalwände bei Hinterglemm; 6 = Saalfeldener Bundesheerklettergarten; 7 = Stubachtal; 8 = Maltatal/Kärnten; 9 = Südliche Julische Alpen; 10 = Weißenbachtal beim Attersee; 11 = Rax/Gaisloch; 12 = Gebiet Göller; 13 = Ötschergräben; 14 = Jochberg.

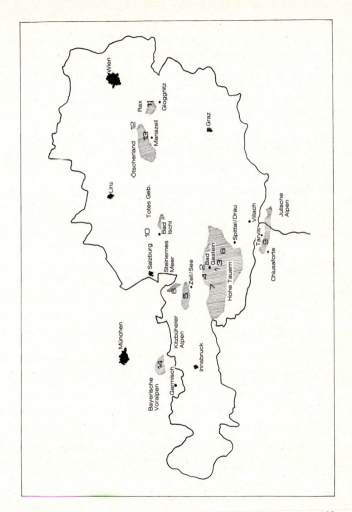

2. Spielplätze
Gebiete nördlich des Alpenhauptkammes

a) Gasteiner Tal (Salzburg)

Im gesamten Gasteiner Tal, das durch ein gut ausgebautes Straßennetz leicht erreichbar ist, gibt es zahllose Tourenmöglichkeiten auf flacheren Wasserfällen, die von der Straße gut zu sehen sind, sowie viele Bouldermöglichkeiten auf kurzen Steilaufschwüngen.

b) Klammstein (Eingang Gasteiner Tal)

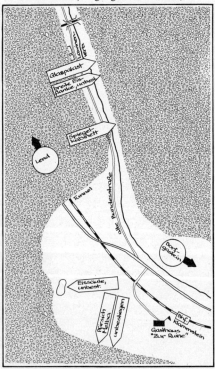

Der Glaspalast •••

Lage: Auf der alten, gesperrten Bundesstraße zwischen Klammstein und Lend, knapp vor den Lawinenverbauungen, auf der gegenüberliegenden Flußseite, Hochspannungsmast links des Ausstieges.

Route: Gesamthöhe etwa 350 m, 3 große Steilstufen.

Zustieg durch Abseilen in die Schlucht (mehrere Bäume, Abseilstrecke etwa 40 m).

1. Stufe: 50 m, etwa 70–90°, kurzes Flachstück.
2. Stufe: 150 m, etwa 70–90°, längeres Flachstück.
3. Stufe: 150 m, etwa 70–90°.

Der letzte, 150 m hohe Teil des „Glaspalastes" ist nur bei starker Eisbildung zu begehen.

Abstieg: Es ist möglich, nach der 2. Stufe die Tour abzubrechen und mittels schrägem Absteigen bzw. Abseilen durch den schütteren Wald (im Sinne des Abstieges nach links) den Talboden zu erreichen. Bei Begehung der gesamten Route steigt man im Sinne des Abstieges nach rechts, Richtung Klammstein, durch den Wald ab.
Erstbeg.: F. Kromer, E. Lackner, J. Skone. Januar 1980.

Das Spiegelkabinett ●●
Lage: Auf der alten Bundesstraße zwischen Klammstein und Lend am südl. Eingang der Klamm auf der gegenüberliegenden Flußseite.
Route: Gesamthöhe etwa 120 m. 4 Seillängen, 60–70°, nur wenige Meter steiler.
Abstieg: Schräg links im Sinne des Abstiegs durch schütteren Wald. Zuletzt 40 m zum Fluß abseilen.
Erstbeg.: W. Graf, B. Stummer, Februar 1980.
In der Klamm gibt es noch einige Routen und Trainingsmöglichkeiten auf der Straßenseite, die bereits bestiegen wurden. Die Flanke rechts vom Glaspalast bietet bei sehr guten Eisverhältnissen noch mindestens eine Routenmöglichkeit und ist noch nicht durchstiegen worden.
Hinter dem Gasthof „Zur Ruine" am Klammausgang steht eine etwa 150 m hohe, großteils freistehende Eissäule. Diese ist noch undurchstiegen. Links davon befinden sich zwei steile, etwa 100 m lange Eisrinnen.

Pfirsich Melba ●
Lage: Die rechte der hinter dem Gasthaus „Zur Ruine" befindlichen Rinnen.
Route: 100 m lang, anfangs 80°, danach 60°.
Abstieg: Abseilen von Bäumen.
Erstbeg.: W. Siebert mit Kletterkurs, Februar 1982.
Der linke Wasserfall wartet noch auf eine Begehung.

Nahezu ideale Eisverhältnisse im „Spiegelkabinett". Nachmittägliche Sonneneinstrahlung hat die Eisoberfläche leicht aufgeweicht.

c) Umgebung Böckstein, Anlauftal, Sportgastein (Salzburg)

Durch die höhere Lage von Böckstein (über 1000 m) sind hier die Eisverhältnisse oft günstiger.

Dreikönigsfall ●●●

Lage: Kurz vor der Autoverladestelle, Richtung Süden blickend, erkennt man auf der linken Hangseite zwei Wasserfälle. Der rechte ist der Dreikönigsfall.
Route: Gesamthöhe etwa 100 m, durchgehend sehr steil.
Abstieg: Abseilen von Bäumen.
Erstbeg.: E. und R. Lackner, W. Siebert, Januar 1981.
Der linke, kürzere Fall ist noch unerstiegen.

Blickt man von der Ortschaft Böckstein nach Norden, Richtung Bad Gastein, so erkennt man an der linken Hangseite, unweit der Elisabethpromenade bzw. Langlaufloipe, mehrere kurze Wasserfälle (●/●●). Diese sind großteils schon erstiegen worden. Der markanteste aber bietet recht abwechslungsreiche Kletterei bei zunehmend steiler werdender Eisneigung.

Der weiße Hai ●●/●●●

Lage: Richtung Norden schauend der längste Wasserfall links der Elisabethpromenade.
Route: Gesamthöhe 150 m, drei Aufschwünge, der letzte ist 80–90° steil.
Abstieg: Gehgelände im den Wasserfall begrenzenden Wald.
Erstbeg.: E. Koblmüller, W. Siebert, J. Skone, Dezember 1981.

Die Wasserfälle entlang der Gasteiner Ache zwischen Böckstein und dem Naßfeld (Sportgastein) wären ein wahres Steileisdorado, sieht man von der Lawinengefahr ab. Die starke Sonneneinwirkung (SO-Lage) und weite steile Hänge oberhalb der Wasserfälle mahnen zur Vorsicht. Deswegen ist noch kaum aus den vorhandenen Tourenmöglichkeiten geschöpft worden, da bisher nur wenig lawinensichere Tage waren. Auf der Seite gegenüber der Mautstelle bieten sich sehr lange, steile Routen an. Bisher wurde nur eine begangen.

Adrenalin ●●●

Lage: Direkt gegenüber der Mautstelle auf der gegenüberliegenden Talseite.
Route: Gesamthöhe etwa 200 m. Durchgehend sehr steil. Lange Passagen 90°.
Abstieg: Abseilen über Bäume in den Randfelsen. Keine näheren Angaben.

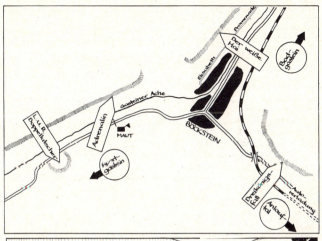

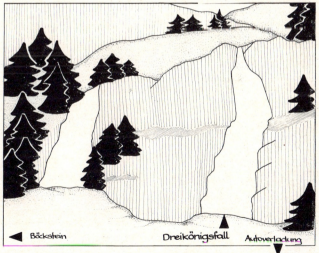

Erstbeg.: E. Kobelmüller, H. Hinterleitner und Gefährten, Februar 1983.

Es gibt zwei kürzere Wasserfälle unweit der Maustelle neben der Straße, die nördlich gerichtet und nicht lawinengefährlich sind. Durch die nördliche Lage und die Höhe von Sportgastein sind hier fast immer gute Eisverhältnisse zu finden.

Linker und Rechter Doppellutscher

Lage: 500 m nach der Maut im ersten Graben links der Straße. Der Graben mündet in ein kleines Kar, das von zwei markanten, breiten Wasserfällen abgeschlossen ist, wobei der rechte steiler ist.

Rechter Doppellutscher (100 m) ●●●

Route: 1. Seillänge 90° (25 m), 2. Seillänge 70–80°, 3. Seillänge zunehmend flacher auslaufend.
Erstbeg.: F. Kromer, Chr. Enserer, Februar 1982.

Linker Doppellutscher (100 m) ●●

Route: Durchgehend 60–70°.
Erstbeg.: W. Graf, R. Girtler, W. Schnöll, Februar 1982.
Abstieg: Im Sinne des Abstieges rechts haltend in einen Graben abseilen (20 m) und darin absteigen.

Die zweite Seillänge im „Weißen Hai".

d) Kitzlochklamm bei Taxenbach (Salzburg)

Weg der Balkone ●●●
Lage: Am Eingang der Kitzlochklamm. Oberer Teil von der Bundesstraße aus zu sehen.
Route: 120 m hoch. 75–90°, nur wenige Meter flacher.
Abstieg: Abseilen von Bäumen.
Erstbeg.: W. Graf, B. Stummer, 8. Februar 1980.

e) Saalwände bei Hinterglemm (Salzburg)

Die Saalwände befinden sich im Talschluß von Hinterglemm etwa 50 Gehminuten von Hinterlungau (beim Wendepunkt der Langlaufloipe). Der Talschluß ist nur mit Ski zu erreichen. Die Saalwände bieten im linken und zentralen Wandteil zwei Eisklettermöglichkeiten.

Der Hosenscheißer ●●● +
Lage: Markanter steiler Wasserfall im zentralen Wandteil der Saalwände.
Route: Sechs durchgehend sehr steile Seillängen, wobei die dritte und vierte fast durchgehend 90° oder steiler ist.
Abstieg: Der oberhalb der Wände befindliche Talboden wird taleinwärts verfolgt. Nach 500 m kommt man bei einer Alm vorbei. Nach weiteren 500 m sieht man einen Einschnitt mit der Hütte einer Materialseilbahn. Abstieg durch den Seilbahngraben (Sommerweg).
Erstbeg.: E. und R. Lackner, W. Siebert, Februar 1980.
Der linke Wasserfall wurde angeblich von einer Wiener Seilschaft bestiegen. Näheres ist unbekannt.

f) Gebiet Saalfeldner Bundesheerklettergarten (Salzburg)

Auf der Straße zwischen Saalfelden und Lofer befindet sich nach Weißenbach in Fahrtrichtung Saalfelden links ein Bundesheerklettergarten, der durch seine starken Farbmarkierungen weithin sichtbar ist. In seiner näheren Umgebung befinden sich einige steile Wasserfälle. Der markanteste ist: **„Die Schwimmschule"**, ●●/●●●, und wurde im Februar 1980 von E. und R. Lackner bestiegen (120 m, mehrere Stellen 90°).

g) Stubachtal (Salzburg, zwischen Uttendorf und Enzingerboden)

Erlenkönig ●●/●●●
Lage: Taleinwärts etwa 8 km von Uttendorf knapp vor der „Schneiderau" tritt die rechte Bergflanke an einer Stelle sehr nahe an die Straße.

Der Wasserfall befindet sich hier in einem steilen, schattigen Felswinkel gleich bei einem Hochspannungsmast auf der anderen Flußseite.
Route: Höhe etwa 200 m. Durchschnittsneigung 70–80°. Mitnahme von Felshaken empfehlenswert.
Abstieg: Abseilen von Bäumen. Zwei 45-m-Seile!
Erstbeg.: C. Enserer, F. Kromer, Februar 1982.
Im Stubachtal befinden sich noch viele jungfräuliche Wasserfälle!

Gebiete südlich des Alpenhauptkammes

Oft bildet der Alpenhauptkamm im Winter eine Wetterscheide und die Temperaturen sind im Süden auf der Kärntner und Osttiroler Seite tiefer als im Norden, da die Nordseite oft im Einfluß der vom NW kommenden Tiefdruckgebiete steht. Dies bedeutet im Winter entweder starken Föhn oder hohe Niederschläge. Südliche Gebiete mit einem großen Potential an Wasserfallkletterein.
- Der Felbertauernpaß
- Das obere Mölltal (Heiligenblut)
- Das Maltatal

h) Maltatal (Kärnten)

Bisher wurden hier nur zwei Routen erschlossen, obwohl es noch eine

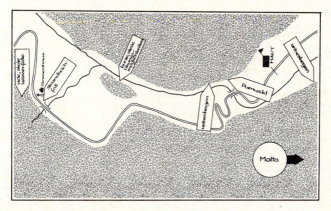

Standplatzsicherung an einem der höchsten Wasserfälle im „Vallée de la Romanche" zwischen Grenoble und Briançon.

Fülle von Möglichkeiten gibt. Das Hauptproblem liegt sicher an der Zugänglichkeit des Tales, denn ab der Maut ist es kaum möglich weiterzufahren, bei Neuschnee kommt man nicht einmal so weit. Je weiter man ins Tal gelangt, desto schöner und länger werden die Wasserfälle.

Pumuckl ●●

Lage: Etwa 300 m nach der Maut taleinwärts rechts die erste Rinne ins südseitiger Lage.
Route: 300 m lange, mittelsteile, abwechslungsreiche Genußkletterei. Nur kurze steile Passagen.
Abstieg: Durch den begrenzenden Wald.
Erstbeg.: K. und J. Skone, Dezember 1981.
Der linke, stärker wasserüberronnene, markantere Wasserfall ist noch nicht erstiegen.

Bild links: In der Einstiegsrinne zum „Pumuckl".
Bild rechts: Abwechslungsreiche Kletterei am Stranabachfall.

Stranabachfall ●●

Diese Route hat durch seine extrem nordseitige, versteckte Schattenlage auch dann noch Eis, wenn alle anderen Hänge bereits aper sind. Eine ideale Ausweichtour für warme Tage und durch ihre Länge und abwechslungsreiche Kletterei eine fast „klassisch" anmutende Wassereistour.

Lage: Etwa 2 km nach der Maut befindet sich im Sinne des Aufstieges rechts der Straße ein Sirenenhäuschen.
Wenige Meter zuvor überquert eine Brücke einen breiten Bach (gefroren). Dies ist der Ausläufer des Stranabachfalles.

Route: 500 m lange Kletterei mit mehreren Steilstücken, darunter drei 50-m-Seillängen, etwa 80° steil. Bei der Abzweigungsstelle im Flachstück der Routenmitte wurde bei der Erstbegehung der linke Ast bestiegen.

Abstieg: Durch den Wald. Zuerst im Sinne des Abstieges links und bei langem Flachstück den Wasserfall nach rechts überqueren. Weiter rechts absteigen.

Erstbeg.: F. Kromer, J. Skone, Februar 1983.

i) Südliche Julische Alpen (Italien)

Tal zwischen Sella-Nevea-Paß und Chiusaforte.
Das Potential für Wassereisrouten in diesem einsamen Tal ist enorm. Es gibt hier sicher über 100 vereiste Rinnen und Flanken, die wahrscheinlich großteils noch nicht erstiegen wurden.
Zusammen mit Felix Kromer, Harald Kuglitsch bzw. meiner Frau Krista stattete ich im Februar 1984 dem Tal zwei Besuche ab und war von den Möglichkeiten beeindruckt.
Obzwar wir auf Grund der schlechten Eisbildung dieses Winters nur straßennahe kürzere Routen kletterten, konnten wir Rinnen entdecken, die bei guten Eisverhältnissen sogar Mehrtagesklettereien bieten würden!
An einigen von uns bestiegenen Routen konnten wir Begehungsspuren von vorhergehenden Seilschaften entdecken.
Auf Grund der Fülle von Möglichkeiten und der teilweise unüberschaubaren Geländegliederung ist es etwas schwierig Angaben über den Standort unserer Touren zu machen.
Trotzdem möchte ich einen aus dieser Gegend leicht erreichbaren, markanten Wasserfall anführen.

Raibler Wasserfall ●●●

Lage: Dieser Wasserfall befindet sich sozusagen mitten im Ort Cave de Predil beim Raibler See, nordöstlich des Sella-Nevea-Passes.
Genauer Standort: Aus Tarvis kommend in Fahrtrichtung Sella-Nevea-Paß links in einem kleinen Kessel.
Höhe: ca. 150 m.
Route: Die erste Seillänge überwindet die rechte kleinere Eissäule und ist anfangs ca. 90° steil (ca. 20 m).
Nach einem etwas flacheren Mittelteil steilt sich der Ausstieg in eine phantastische, fast senkrechte Eisverschneidung auf
Abstieg: Nach rechts am Abbruchrand queren und durch den anschließenden Wald und Rinne steil wieder zum Einstieg des Wasserfalls absteigen. Diese Route wurde wahrscheinlich schon öfter bestiegen.

Richtung Tarvis fahrend bemerkt man kurz nach dem Ortsausgang Cave de Predil rechts (bei der Mülldeponie) einen kurzen ca. 80 m hohen Wasserfall, der ca. 85° steil ist, fast immer in der Sonne liegt und deshalb eine lohnende, kurze Kletterei bietet.

Der ca. 80 m hohe Übungswasserfall bei Cave de Predil hat durchgehend einen Neigungswinkel von ca. 80°.

Gebiet im östlichen Alpenvorland

k) Weißenbachtal beim Attersee (Oberösterreich)

„Die ruhige Kugel" ●

Lage: Von der Weißenbach-Bundesstraße aus sind mehrere z.T. eisbedeckte Gräben in der Nordflanke des Eibenberges zu sehen. Die „ruhige Kugel" ist der orogr. zweite von rechts.
Zustieg: An der Ostseite eines eingezäunten Areals südwärts entlang zum Weißenbach, der hier verhältnismäßig leicht zu überqueren ist. Östlich der besagten Gräben 100 m durch einen steilen Wald aufwärts und zum Einstieg queren.
Route: Gesamthöhe 80 m, kurze Stellen 75°.
Abstieg: Mittels Abseilen von Latschen. Zwei 45-m-Seile notwendig.
Erstbeg.: H. Habersack, E. Kobelmüller, 22. Februar 1982.

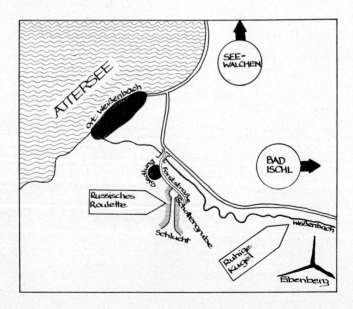

Russisches Roulette ●●●

Lage/Zustieg: Über die Brücke auf das Südufer des Flusses und auf einer Forststraße etwa 600 m eben taleinwärts. Nach S zu einer engen, steilwandigen Schlucht aufsteigen. An deren Beginn (deutliche Verengung) orogr. links 20 m über dem Schluchtboden Einstieg.
Route: Gesamthöhe 100 m. Lange steile Passagen 75–85°. Bei geringer Eisauflage stellenweise recht heikel. Die Mitnahme von Felshaken wird empfohlen.
Abstieg: Über Aufstiegsroute an Latschen und Bäumen abseilen. Zwei 45-m-Seile notwendig.
Erstbeg.: H. Habersack, E. Koblmüller, 17. Februar 1982.

Umgebung von Wien

In der weiteren Umgebung Wiens gibt es einige schöne Übungsrouten, die, wenn die Eisverhältnisse richtig sind, lohnende winterliche Anstiege vermitteln.

l) Rax/Gaisloch

Das große Höllental auf der Rax wird am Talschluß vom Gaislochanstieg (im Sommer ein gesicherter Klettersteig) abgeschlossen. Im Winter sind hier zwei Eisrouten möglich.
Lage: Talschluß des Höllentals. Zugang vom Weichtalhaus. Bei starkem Schneefall Zustieg schwierig, da ein langer Hang (Lawinengefahr) unterhalb des Gaisloches begangen werden muß.

Alter Gaislochanstieg ●

Es wird hierbei der im Sommer gesicherte Steig bestiegen, wobei es möglich ist, die Schwierigkeiten durch entsprechende Anstiegsvarianten zu erhöhen.
Route: Länge etwa 50 m. Einstieg in der großen Höhle. Quergang nach rechts und gerade empor bis zur Hochfläche. Sicherungsmöglichkeiten an den Sicherungen des Klettersteigs. Neigung bei Wahl der leichtesten Linie max. 65°.
Abstieg: Abseilen von Bäumen und Sicherungen. Weiterer Anstieg zur Dirnbacherhütte und zur Raxhochfläche möglich. Seit alters her begangen.

Soft-Eis ●●/●●●

Route: Dieser Anstieg überwindet die am tiefsten herabreichende Eiskaskade (wenn die Verhältnisse gut sind!) und führt dann diagonal nach links in die Einstiegshöhle des alten Gaislochanstieges. Höhe etwa

50 m. Einstieg 15 m 90°, sonst flacher. Bei sehr günstigen Eisverhältnissen kann man die Eiszapfen direkt unterhalb des Einstiegsquerganges vom alten Gaislochanstieg besteigen. In Verbindung mit „Soft-Eis" ergibt dies eine extrem schwierige und lange Seillänge (55 m, fast durchgehend 90°).

Weitere Tourenmöglichkeiten bei Wien befinden sich im Gebiet des Göllers bei Kernhof, sonst als Skigebiet bekannt.

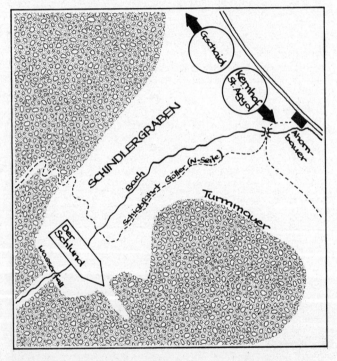

Der „Schlund" am Göller nahe Wien bietet viele Übungsmöglichkeiten in verschiedenen Schwierigkeitsgraden.

„Der Schlund" ●/●●

Lage: Auf der Straße zwischen Kernhof und dem Gschaid befindet sich etwa 2 km nach Kernhof links der Ahornbauer, von wo man einen markanten, schrofigen Felsklotz (Turmmauer) erkennen kann. Im die Turmmauer im Sinne des Aufstieges rechts begrenzenden Talschluß (Schindlergraben) befindet sich links eine versteckte Schlucht (Der Schlund). Bei guten Schneeverhältnissen geht man etwa 20 Min. zum Talschluß, der von einem kurzen, stark fließenden Wasserfall abgeschlossen wird. Etwa 100 m davor zieht „Der Schlund" nach links.

Routen: Im Schlund befinden sich mehrere Wassereisrouten von 20 bis 80 m Länge mit verschiedener Neigung. Der *Abstieg* erfolgt durch Absteigen oder Abseilen von Bäumen.

Achtung! Bei Wärmeeinbruch herrscht in der Schlucht große Lawinengefahr. Die Lawinen kommen von der die Schlucht abschließenden Steilstufe!

m) Ötschergräben

In den Ötschergräben bei Wienerbruck bieten sich zwei leicht erreichbare Eiskletterziele an.

Lassingfall ●

Der Lassingfall ist der längste Wasserfall Niederösterreichs und bricht ca. 100 m in gestuften Kaskaden ab. Da er viel Wasser führt, ist es vorteilhaft, nur nach längeren, heftigen Kälteperioden zu klettern. Die Tour ist nur von mäßiger Steilheit und daher ideal für Anfänger.

Erstbeg.: James und Kristina Skone, Hans Wohlschlager, Dezember 1977.

Auf der genau gegenüberliegenden Hangseite befindet sich eine wesentliche schwierigere Tour.

Kelvin Lethal ●●●

Dieser ca. 50 m hohe, enge Eiskamin war bei der Erstbegehung auf Grund der immer vorherrschenden mageren Eisverhältnisse nicht mit natürlichen Sicherungsmitteln (Eisschrauben usw.) abzusichern und wurde deshalb von oben teilweise mit Bohrhaken abgesichert. Trotzdem begünstigt im Mittelteil des Kamins eine ca. 10 m lange ungesicherte Passage den raschen Anstieg des Adrenalinspiegels. Der Einstieg von „Kelvin Lethal" ist genau gegenüber dem Einstieg vom Lassingfall.

Erstbeg.: F. Kromer, J. Skone, März 1984.

Beide Routen sind am raschesten vom „Kollerbauer" am oberen Rand der Ötschergräben zu erreichen. Bei guten Schneeverhältnissen kann man in wenigen Minuten von Wienerbruck mit dem Auto zum Kollerbauer fahren.

Bayerische Voralpen

n) Jochberg

Der Jochberg, im Sommer ein unbedeutender Wanderhügel, ist ein ideales winterliches Eiskletterngebiet für Münchner Kletterer. Er imponiert mit drei gegen die Kesselbergstraße gerichteten 500 m hohen Eisfällen. Die Zufahrt erfolgt von München auf der Autobahn in Richtung Garmisch bis zur Ausfahrt Kochel und weiter zum Kesselberg oder über Bad-Tölz — Kochel.
Der Jochberg liegt südöstlich des Kochelsees. Durch diese Lage bedingt, erhält seine Nordwestwand ständig die relativ warme und feuchte Luft des Sees zugeführt. Weiterhin besitzt der Berg eine besondere Gesteinsschichtung, so daß die Nordwestwand im Winter von

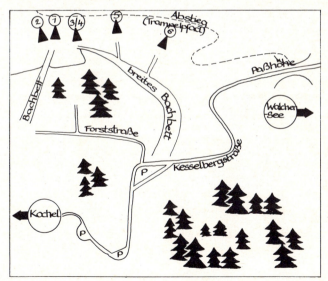

Ende Dezember bis mindestens Mitte März einige sehr hohe Eisfälle aus meist bestem Eis aufweist.

Jochberg-Nordwestwand

Lage: Bayerische Voralpen, südöstlich des Kochelsees.

Zufahrt: Von Kochel in Richtung Walchensee auf der Kesselbergstraße bis zur drittletzten Kehre. Hier großer Parkplatz (meist nicht geräumt!). Oder 500 m weiter unten parken (immer geräumt).

Zugang: Siehe Skizze Seite 129.

Wandhöhe: 400–500 m.

Routen: Siehe Skizze Seite 131.

Tour 1: Hauptschlucht: meist bestes Eis, insgesamt 4 Seillängen, 70 bis 90°; der direkt Aufstieg (ca. 60 m senkrechtes, meist schlechtes, da zapfiges Eis) dürfte eine der schwersten Stellen des Jochberges sein.

Tour 2: Linke Variante zur Hauptschlucht: Unter sehr schöne Kletterei in schmalen Rinnen, quert nach ca. 120 m zur Hauptschlucht. Im Fels stellenweise III.

Tour 3: Zentrales Couloir: Schwierigste Tour am Jochberg. Auf ca. 300 Höhenmeter Kletterei in einer 70–90° geneigten, 2–5 m breiten Eisrinne. Nur in sehr kalten Wintern möglich.

Tour 4: Rampenführe: diese zweigt nach dem ersten, 50 m hohen Einstiegswasserfall der Tour 3 nach rechts ab und erreicht nach ca. 150 m Felskletterei Tour 5. Je nach Route II–IV.

Bietet sich als Ausweichtour an, wenn Tour 3 nicht möglich sein sollte.

Aus der Lehrschriftenreihe des Bergverlages

Sepp Gschwendtner

Sicher Freiklettern

Wandkletterei – Reibungskletterei – Piaztechnik – Rißklettern – Kaminklettern – Spezielle Klettertechnik – Abklettern – Training – Das Sichern mit Klemmkeilen.

128 Seiten. Zahlreiche Abbildungen und Skizzen. 1. Auflage 1981.

Zu beziehen durch alle Buchhandlungen

Bergverlag Rudolf Rother GmbH · München

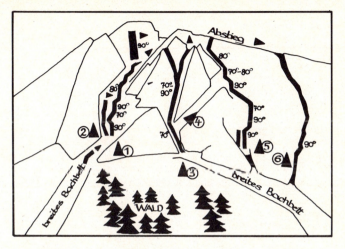

Anstiegsskizze der Jochberg-NW-Wand.

Tour 5: Vielleicht die schönste Route am Jochberg. Folge von vier zwischen 20 und 60 m hohen Eisfällen, unterbrochen durch leichtes Gelände. Im Aufstiegscouloir oft sehr große Schneebrettgefahr. Auf jeden Fall am Rand gehen! Zustieg etwas schwierig zu finden: schmale, sehr lange Rinne mit senkrechten Abbrüchen, die zu zwei parallelen, senkrechten 30 und 50 m hohen Zapfen führt. (Siehe auch „Bergsteiger" 1/83.)

Tour 6: Leichteste Tour, eine Stelle fast senkrecht, nicht besonders lohnend.

Abstieg: Unschwierig über den meist ausgetrampelten Wanderpfad, zunächst am Grat haltend zum Kesselberg hinab.

VII. Training

Da das Eisklettern sicherlich motorisch nicht so anspruchsvoll ist wie das extreme Felsklettern, ist es schwierig hierfür gezielt zu trainieren. Trotzdem sind, abgesehen von einem ausgewogenen psychischen Zustand, starke Arm und Unterschenkelmuskeln vorteilhaft.
Beides kann man durch extremes Bouldern oder Sportklettern im sommerlichen Fels fördern.
Das Steigen auf kleinsten Tritten in weichen Reibungskletterschuhen ist sicherlich ähnlich dem Stehen auf Frontzacken, und jeder weiß, wie viel Finger- und Armkraft schwierige Felskletterstellen erfordern.
Eine motorische Tätigkeit im Eisklettern hat jedoch keine Parallele im Felsklettern, nämlich das Schlagen mit dem Pickel. Sicherlich könnte ich hierfür Holzhacken als Ersatz empfehlen! Obzwar dies vielleicht einen nützlichen Zweck mitunter erfüllen könnte, ist dies wie alle Trainingsmethoden wahrscheinlich äußerst langweilig.

Eine geeignete „Sommertrainingsmethode" für das sichere Steigen mit Frontzacken ist, mit ein paar alten Steigeisen auf kurzen Felsaufschwüngen zu „bouldern".

Ich habe mir eine andere Methode ausgedacht und damit begonnen im Herbst potentielle Felskletterrouten für das nächste Jahr vom Gras zu säubern und teilweise mit Haken zu präparieren. Manche werden dies zwar als „unethisch" betrachten, ich aber schlage damit zwei Fliegen auf einem Schlag. Erstens werden dadurch neue Kletterrouten erschlossen und zweitens stärke ich meine Arme durch das Einschlagen von pickelähnlichen Gartenwerkzeugen in Rasenpolster, die dann oft mit erheblichem Kraftaufwand herausgerissen werden müssen.

Wichtig ist es auch, das Vertrauen zu seinen Geräten zu bekommen. Dabei hilft in eislosen Zeiten das Bouldern mit Steigeisen im Fels, oder das Begehen von verschneiten stark rasendurchsetzten Felskletterrouten im Winter. Dabei werden die gefrorenen Rasenpolster als Eisersatz genützt, um die Pickelspitzen bzw. die Steigeisen darin zu verankern.

Bei einer winterlichen

Begehung mit Eisausrüstung bekommen diese sonst unlohnenden Routen einen eigenen Reiz. Man könnte diese Form des Kletterns fast schon als eigene Spielart des Eiskletterns sehen, quasi als „kombiniertes Mittelgebirgsklettern". In Wien klettern einige Leute schon seit Jahren die grasigen Schrofentouren auf der Rax im Winter in diesem Stil.

Bild rechts: Auch im April findet man noch dickes Eis unterhalb der Wasserfallspitze in der Rieserfernergruppe.

VIII. Literatur

Yvon Chouinard, „Climbing Ice", Sierra Club Books, USA.
Jeff Lowe, „The Ice Experience", Contemporary Books Inc., USA.
Pit Schubert, „Alpine Eistechnik", Bergverlag R. Rother, München.
Pit Schubert, „Alpine Felstechnik", Bergverlag R. Rother, München.
Pit Schubert, „Alpine Seiltechnik", Bergverlag R. Rother, München.
Klaus Hoi, „Seiltechnik",Teufelberger, Wels.

Geschichtliche Informationen wurden aus dem Informationsteil des „Mountain Magazine" 1-90 zusammengestellt.

Outdoor Adventures

Der Spezialist in Eiskursen

Vom Anfänger bis zur Meisterstufe (vom Grundkurs zum Wasserfallkletterkurs)

Fordern Sie unser Programm an!
A-1181 Wien, Postfach 216
Tel. 0222/65 09 679

EDELRID

Das Seil
Die Technik
Die Sicherheit

Das System: 2 dünne Seile, die wie ein Einfachseil gehandhabt werden.

Die Vorteile: Höhere Kantenfestigkeit. Größerer Gesamtquerschnitt. Geringeres Totalschadenrisiko. Minimales Packvolumen. Maximale Griffigkeit. Wesentlich mehr Abseillänge. Vielfache Sicherheitsfaktoren.

Stichwortverzeichnis

A
Abseilachter 75
Abseilen 90
Abstieg 82
Adrenalin 114
Affenzug 54
Alaskan Highway 16
Alpenvorland, Östliches 124
Ankertechnik 46, 50
Anlauftal 114
Aufprusiken 78
Autokriechöl 35

B
Basis 101
Bekleidung 17
Böckstein, Umgebung 114
Bouldern 133
Burgess-Zwillinge 16

C
Chiusaforte 122
Chouinard, Yvon 16
Couloir, Zentrales 130
Cunningham, John 14

D
Diagonalzug 50
Doppellutscher, Linker und Rechter 116
Dreikönigsfall 114
Dülfersitz 83

E
Eckensteintechnik 83
Eis, krustiges 100
–, dünnes 103
–, morsches 100
–, scholliges 97
–, sprödes 97
–, überhängendes 64
Eis(es), Metamorphose des 94
Eisbouldern 37
Eishaken 34
Eissäulen 101
Eisschlag 87, 105
Eisschrauben 34
Eisverhältnisse 94 ff.
Eisvorhänge, geriffelte 101
Eiswände, klassische alpine 46
Eiszapfen, freihängende 88
Erlenkönig 117

F
Felbertauernpaß 119
Fels, verglaster 103
Felshaken 35, 88
Flaschenzugtechnik 80

G
Gaisloch 125
Gaislochanstieg, Alter 125
Gamaschen 28
Gasteiner Tal 110
Gefahren 105
Gelände, unübersichtliches 90
Geländertechnik 85
Glaspalast 110
Grifflöcher 100

H
Hai, Weißer 114
Hammer 30
Handfeile 36
Handgeräte 30, 41
Handschlinge 44
Handschuhe 17
Hauptschlucht 130

Heiligenblut 119
Helm 20
Hinterglemm, Saalwände bei 117
Hohlrohre, dünnwandige 34
Hohlrohrschrauben 34
Holzhacken 132
Hosenscheißer, Der 117

J
Jochberg 129
Julische Alpen, Südliche 122

K
Kelvin Lethal 128
Kitzlochklamm
  bei Taxenbach 117
Klammstein 110
Klemmkeile 35
Kletterei, Leichte 108
–, Mittelschwere 108
Klettern, Ökonomisches 72
Kletterstil 94
Klettertechnik 37
Kochelsee 129
Kombitechnik 38
Körperreibung 83
Kugel, Die ruhige 124

L
Lassingfall 128
Lawinengefahr 87, 105
Lowe, Brüder 16
Lowe, Snarg 35

M
Maltatal 119
Materialpflege 35
Materialverlust 92
Materialwartung 35
McInnes, Hamish 14
McKeith, Bugs 16

Mittelgebirgsklettern,
  kombiniertes 134
Mehrfachgewinde 35
Mölltal, Oberes 119

N
Neoprenriemen 28

O
Ötschergräben 128

P
Parallelzug 52
Pfirsich Melba 112
Pickel 30
Pickelrasttechnik 64
Pickelschaufel 100
Polar Circus 16
Porter, Charlie 16
Prusikschlingen 78
Prusiktechnik 78
Pumuckl 120

Q
Quergang 56, 58
Quergang, Zurückklettern 92

R
Rampenführe 130
Randgelände 88
Rax 125
Raibler Wasserfall 122
„Rime-Eis" 14
Routenwahl 94
Rückzug 87
Rückzug
  im leichten Gelände 88
Rückzug im steilen Gelände 88
Rückzugsmethoden 90 ff.
Russisches Roulette 125

S

Saalfeldener Bundesheer-Klettergarten 117
Saalwände bei Hinterglemm 117
Sanduhrsicherung 66
Schlagtechnik 44
Schleifknoten 76
Schlund, Der 128
Schottland 14
Schraubenkopf 35
Schrofentouren 134
Schuhe 20
Schwierigkeitsbewertung 108
Sella-Nevea-Paß 122
Seil 22
Seil, fixiertes 78
Seillitzen 22
„Skistockprinzip" 44
Soft-Eis 125
Sonneneinstrahlung 94
Spazierstocktechnik 84
Spiegelkabinett 112
Spielplätze 108
Sportgastein 114
Sportklettern 132
Standplatz 74
Standplatzsicherung 75
Standverankerung 88
Steigeisen 22
Steigeisenbindungen 28
Steigeisenriemen 28
Steigen, Sicheres 38
Steigtechnik 37
Steilaufschwung 48
Steinschlag 105
Stranabachfall 121
Stubachtal 117
Sturz 87, 105
Stütztechnik 63

T

Taxenbach, Kitzlochklamm bei 117
Temperaturwechsel 94
Terrordactyl 14
Terrordactylform 30
Training 132

V

Verankerungen „Toter Mann" 88
Verletzung 90
Voralpen, Bayerische 129

W

Wärmeeinbruch 87
Wärmegewänder 17
Wassereis, schwieriges, steiles 108
Weißenbachtal beim Attersee 124
Wetterverhältnisse 94
Wien, Umgebung von 125

Z

Zahnhaken 34
Zugstemme 48, 60
Zwischensicherung 66

Alpenvereinsführer

die Führer für den vielseitigen Bergsteiger aus den Gebirgsgruppen der **Ostalpen** *und der* **Dolomiten** *(Arbeitsgebiete des Deutschen, Oesterreichischen und Südtiroler Alpenvereins), aufgebaut nach dem Grundsatz der* **Einheitlichkeit** *(erleichtern das Zurechtfinden) und der* **Vollständigkeit** *(ausführliche Beschreibung der Talschaften, Höhenwege, Klettersteige und Gipfelanstiege einer Gruppe).*

Bisher liegen vor:

Allgäuer Alpen – Ammergauer Alpen –
Ankogel-/Goldberggruppe – Bayerische Voralpen Ost
mit Tegernseer/Schlierseer Bergen und Wendelstein –
Benediktenwandgruppe, Estergebirge und Walchenseeberge –
Berchtesgadener Alpen – Bregenzerwaldgebirge
Chiemgauer Alpen – Civettagruppe – Cristallogruppe und
Pomagagnonzug – Dachsteingebirge Ost – Dachsteingebirge
West – Eisenerzer Alpen – Ferwallgruppe – Geisler-Steviagruppe – Glockner- und Granatspitzgruppe – Hochschwab –
Kaisergebirge – Karnischer Hauptkamm – Karwendelgebirge –
Kitzbüheler Alpen – Lechtaler Alpen – Lechquellengebirge –
Lienzer Dolomiten – Loferer und Leoganger Steinberge –
Marmolada-Hauptkamm – Niedere Tauern – Ortlergruppe –
Ötztaler Alpen – Pelmo—Bosconero – Puez/Peitlerkofel –
Rätikon – Rieserfernergruppe – Rofangebirge – Samnaungruppe – Schiara – Schobergruppe – Sellagruppe – Sextener
Dolomiten – Silvretta – Stubaier Alpen – Tannheimer Berge –
Tennengebirge – Totes Gebirge – Venedigergruppe –
Wetterstein und Mieminger Kette – Ybbstaler Alpen –
Zillertaler Alpen

Zu beziehen durch alle Buchhandlungen

Ausführliche Verzeichnisse vom

Bergverlag Rudolf Rother GmbH · München

NOTIZEN

NOTIZEN

NOTIZEN